3,-

MOEWIG DOKUMENTATION

Zum Buch

Auf dem Atlantik fanden sie reiche Beute, Männer wie Günther Prien, Otto Kretschmer und Joachim Schepke. Zwei Jahre lang fuhren sie von Erfolg zu Erfolg – ein kleines Häuflein von Jägern, die zum Schrecken ihrer Gegner wurden. Tollkühn schlichen sie in die Bucht von Scapa Flow, wo die britische Home Fleet stand, und setzten das Schlachtschiff „Royal Oak" auf Grund. Im unbeschränkten Handelskrieg spürten sie die ungeschützten Schiffe auf und vernichteten ganze Konvois. Ihre „Wolfsrudel" nahmen Nacht für Nacht Geleitzüge in die Zange, und mit fast jedem Torpedo versenkten sie ein Schiff. Durch den totalen U-Boot-Krieg versuchten Dönitz' Männer in verwegenen Einsätzen die englischen Nachschubwege abzuschneiden, und der Sieg schien ihnen gewiß. Deutsche U-Boote lauerten im Mittelmeer, kreuzten vor der Ostküste der USA, operierten in der Karibik.

Doch mit einemmal wendete sich das Blatt: Aus den Jägern wurden Gejagte. Erfahrene Kommandanten blieben vor dem Feind, für die Asse gab es keinen Ersatz mehr. Die alliierten Streitkräfte boten Menschen und Material auf, um den starken Feind in die Tiefe zu zwingen. Tausende von Radar- und Sonargeräten suchten unaufhörlich die Weite des Ozeans ab, spürten die wendigen U-Boote vom Typ VII auf, deren Operationen bereits jetzt Legende waren. Noch immer mußten die Alliierten riesige Verluste an Tonnage hinnehmen – 600000 Tonnen allein im April 1943. Doch Admiral Dönitz erkaufte diesen einmaligen Erfolg mit dem Verlust fast aller U-Boote, die am Feind standen. Noch einmal wollte der Oberbefehlshaber der Kriegsmarine das Glück zwingen, aber wenige Tage später wurde das Ausmaß der Katastrophe deutlich...

Deutsche U-Boote von 1939 bis 1945: die Männer, die Schiffe, die Operationen, die Siege – und die Niederlagen.

Die erbarmungslose Schlacht im Atlantik in Fakten und Zahlen – ein Dokumentationsbericht von einem anerkannten Marine-Historiker.

David Mason

Deutsche U-Boote

MOEWIG
Deutsche Erstausgabe

MOEWIG Band Nr. 4301
Moewig Taschenbuchverlag München/Rastatt

Fotonachweis (in der Reihenfolge der Bilder):
Bibliothek für Zeitgeschichte; Süddeutscher Verlag;
Sado Opera Mundi / Popperfoto / Ullstein; Popperfoto / Imperial
War Museum / Ullstein; Süddeutscher Verlag;
Imperial War Museum / Sado Opera Mundi; Imperial War Museum /
Bibliothek für Zeitgeschichte / Imperial War Museum /
Süddeutscher Verlag; Imperial War Museum; Süddeutscher Verlag;
Sado Opera Mundi / Bibliothek für Zeitgeschichte;
Ullstein / Süddeutscher Verlag; Süddeutscher Verlag; Ullstein / Ullstein;
US Navy; Keystone / Imperial War Museum
Umschlagfoto: Süddeutscher Verlag
3. Auflage
Titel der Originalausgabe: U-Boat – The Secret Menace
Aus dem Amerikanischen von Hartmut Franke

Umschlagentwurf und -gestaltung: Franz Wöllzenmüller, München
Verkaufspreis inkl. gesetzl. Mehrwertsteuer
Auslieferung in Österreich:
Pressegroßvertrieb Salzburg, Niederalm 300, A-5081 Anif
Printed in Germany 1985
Druck und Bindung: Elsnerdruck GmbH, Berlin
ISBN 3-8118-4301 X

Inhaltsverzeichnis

Der Krieg unter Wasser 7
Der Wiederaufbau der deutschen U-Boot-Waffe 10
Das Waffensystem Unterseeboot 19
Die Probleme des Krieges: September 1939 bis Mai 1940 . 27
Handelskrieg 35
Die Schlacht im Atlantik beginnt 41
Probleme kündigen sich an: Winter 1941 46
Die Ausdehnung des Operationsgebietes: Sommer 1941 . 55
Der Paukenschlag vor Amerikas Ostküste: Januar bis Juli 1942 64
Kampfraum Nordmeer: Winter und Frühjahr 1942 . . . 76
Technische Fortschritte: Sommer 1942 80
Rückkehr zu den Geleitzugrouten 87
Der Höhepunkt der Schlacht: März 1943 102
Vom Sieger zum Verlierer 113
Letzter Angriff auf die gegnerischen Versorgungslinien . . 130
Die „Western Approaches" 140
Der letzte Kampf 148
Finale: Januar bis Mai 1945 154

Der Krieg unter Wasser

Einleitung von Barrie Pitt

In einem Büroraum der britischen Admiralität hing jahrelang eine Schautafel mit der Überschrift „Chronologie der Hauptereignisse 1939/45“ an der Wand. Die zweite Reihe dieses eindrucksvollen Dokumentes veranschaulichte – in einer blauen und in einer roten Kolonne einander gegenübergestellt – die vierteljährlichen Verluste der alliierten Schiffahrt in jeweils tausend Tonnen (blau) und der deutschen U-Boote (rot). Während der ersten Hälfte des Krieges nehmen die blauen Kolonnen mit tragischer Regelmäßigkeit zu, während die kurzen roten Kolonnen daneben derart zurückbleiben, daß sich die spätere Tragödie noch nicht einmal ankündigt.

Dann tritt plötzlich zwischen März und Juni 1943 eine radikale Veränderung ein. Von einem Vierteljahr zum anderen verkehren sich die Verhältnisse ins Gegenteil, und die langen roten Kolonnen beherrschen bis Kriegsende das Bild, währen die blauen Kolonnen schrumpfen und schließlich ganz verschwinden. Eine bessere grafische Darstellung der Schlacht im Atlantik als auf dieser Schautafel ist kaum möglich. Gleichzeitig veranschaulicht sie die Gefahr, die England und die gesamte freie Welt überwinden mußten.

David Mason hat dieses nüchterne Datenskelett durch seine ausgezeichnete Darstellung noch einmal zum Leben erweckt, die Schicksale, Hoffnungen, Nöte und Ängste geschildert, welche die seelenlosen Zahlenkolonnen nicht wiedergeben können. Von jenem Zeitpunkt im Jahre 1935, als der damalige Kapitän zur See

Karl Dönitz von seinem Vorgesetzten, Admiral Erich Raeder, mit dem Aufbau der deutschen U-Boot-Waffe betraut wurde, bis zum bitteren Ende im Chaos und der Selbstversenkung in den U-Boot-Bunkern von Norwegen bis Bordeaux ist diese komplexe und faszinierende Geschichte klar und packend dargestellt.

Und was für eine Geschichte!

Trotz der ungeheuren Flut von Filmen und Romanen, die in den USA und England seit 1945 erschienen sind und in denen britische und amerikanische Handelsmariner als kühne, ungeschliffene Diamanten, ihre Gegner aber, die deutschen U-Boot-Fahrer, als böse, kaltherzige Verbrecher dargestellt wurden, empfanden selbst diejenigen unter uns, die nicht leicht zu beeindrucken waren, tief im Innersten, daß alle Unterseeboote, sowohl „unsere“ als auch „ihre“, von tapferen Männern mit einer unglaublich hohen Moral gefahren wurden, deren seemännische Führung ein derart hochspezialisiertes Handwerk ist, daß es uns Bewunderung abringt.

Das gilt nicht nur für die U-Boot-Fahrer von damals, sondern ebenso für jene Amerikaner und Briten, die die Polaris-U-Schiffe von heute bemannen. Selbst gegen Ende, als der Treibstoffmangel drückend wurde und ihr Vaterland in Ruinen lag, drängten die deutschen U-Boot-Fahrer zum Einsatz; und 1945 hatte sich die Technik der Unterwasserkriegführung himmelweit von jener des ersten Kriegswinters entfernt, als Günther Prien mit seinem *U 47* nach Scapa Flow eindrang und das Schlachtschiff *Royal Oak* versenkte.

Doch bald erreichten die zur Führung eines U-Bootes notwendigen Qualifikationen heutige Dimensionen, wo das Wissen und die Erfahrung eines ausgebildeten Wissenschaftlers oder Ingenieurs hinter dem Periskop unumgänglich notwendig ist. Einer der Vorzüge von David Masons Buch ist es, daß es all das Wissen, welches zum Verständnis der Vorgänge erforderlich ist, mit dem Text mitzuvermitteln vermag.

Der U-Boot-Krieg war einer der entscheidenden Faktoren in jener gigantischen Auseinandersetzung, die wir als den Zweiten

Weltkrieg bezeichnen, weil er Hitler näher an den Sieg heranbrachte, als jede andere Waffe in seinem riesigen Arsenal.

Dieses Buch wird dem Thema und den Männern, die unter den Wellen kämpften, voll gerecht.

Der Wiederaufbau der Deutschen U-Boot-Waffe

In den frühen Morgenstunden des 4. Oktober 1918 griff im Mittelmeer das deutsche U-Boot *UB 68* einen aus Indien und Ostasien kommenden Geleitzug an. Während des zweiten Anlaufes auf den schwer gesicherten Konvoi geriet das Boot, eine „Germania" vom Typ B III, außer Kontrolle und ging steil in die Tiefe. Die erlaubte Tauchtiefe von 70 Metern wurde schnell überschritten, bei 80 Metern implodierten zwei am Oberdeck angebrachte Auftriebstanks. Um die Besatzung vor dem sicheren Tod zu retten, mußte der Kommandant alle Gedanken an ein Entkommen beiseite schieben und das Ausblasen aller Tauchtanks befehlen. Gleichzeitig liefen die Maschinen äußerste Kraft zurück, um das Tiefertauchen zu stoppen. Bei 93 Metern hielt das Boot an, um sich dann immer rascher aufwärts in Bewegung zu setzen. Direkt vor einem englischen Kreuzer und den ihn begleitenden Zerstörern schoß das U-Boot schließlich wie ein Champagnerkorken an die Oberfläche und wurde sofort unter Beschuß genommen. Da der Preßluftvorrat aber erschöpft war, konnte *UB 68* nicht mehr wegtauchen, und dem U-Boot-Kommandanten blieb keine andere Wahl, als die Leute von Bord zu befehlen. Der Leitende Ingenieur und fünf Mann gingen mit dem Boot unter, die Überlebenden der Besatzung wurden von einem englischen Zerstörer aufgefischt und nach Malta gebracht.

Für den Kommandanten bedeutete das viele Monate Haft in englischen Kriegsgefangenenlagern, was ihm reichlich Gelegenheit gab, über die zukünftige Rolle des Unterseebootes nachzudenken. Seine Überlegungen sollten später auf hervorragende Weise in die Tat umgesetzt werden.

Nach seiner Entlassung blieb er weiter bei der nunmehrigen Reichsmarine und diente in den nächsten 17 Jahren als Torpedobootskommandant, U-Boot-Abwehr-Referent bei der Torpedoinspektion Kiel, als Referatsleiter in der Berliner Marineleitung, Navigationsoffizier auf dem Schulkreuzer *Nymphe*, als I. Admiralstabsoffizier beim Marineoberkommando Nordsee in Wilhelmshaven und schließlich als Kommandant des neuen leichten Kreuzers *Emden*.

Im Sommer 1935 wurde er durch Admiral Dr. h. c. Erich Raeder von diesem Bordkommando abgelöst und mit einer Aufgabe betraut, die ihm anfangs als ein Trostpflaster erschien, sich aber später als der Gipfelpunkt seines Lebenswerkes herausstellte: Der Aufbau und das Kommando über die neuzuschaffende U-Boot-Waffe der nunmehrigen deutschen Kriegsmarine.

Der Name dieses Offiziers ist Karl Dönitz.

In den zurückliegenden Jahren hatte Dönitz seine alte Liebe zu U-Booten nahezu gänzlich vergessen. Nach den Bedingungen des Versailler Friedensvertrages war Deutschland unter anderem der Bau und der Betrieb von U-Booten untersagt gewesen, und Dönitz war zum Seemann auf Überwasserschiffen geworden.

Am 16. März erklärte der inzwischen mit seiner NSDAP an die Macht gekommene Reichskanzler Adolf Hitler die Wehrhoheit des Deutschen Reiches, das heißt: die Fesseln des Versailler Vertrages wurden für null und nichtig erklärt. Einen Monat später wurde das deutsch-englische Flottenabkommen ratifiziert. Darin verpflichtete sich Deutschland freiwillig, in den einzelnen Schiffskategorien jeweils nur 35 Prozent der englischen Tonnage zu bauen. Die einzige Ausnahme bildeten die U-Boote, bei denen Deutschland in der ersten Phase 45 Prozent und im weiteren hundert Prozent der englischen Tonnage zugestanden wurden.

Dieses Übereinkommen über den möglichen Ausbau der U-Boot-Waffe beruhte keineswegs auf englischer Selbstlosigkeit und war kein allzugroßes Opfer. Nach offizieller Ansicht war das U-Boot eine überholte Waffe. Es lohnte sich für die anderen Nationen nicht mehr, so meinten die Engländer, U-Boote zu bauen. Die Hauptaufgabe der Royal Navy hatte sich durch die Jahrhunderte herauskristallisiert und bestand im Schutz der englischen Handelsverbindungen, und das würde auch in Zukunft so bleiben. In diesem defensiven Konzept hatte das Unterseeboot als Offensivwaffe keinen Platz. Konsequenterweise baute England nur wenige Unterseeboote und hatte bei Kriegsausbruch 1939 nur 57 Einheiten in Dienst.

Am 18. Juni wurde das deutsch-englische Flottenabkommen schließlich unterzeichnet, und zehn Tage später fand bei der Deutschen Werft in Kiel eine Zeremonie statt, die bewies, daß die deutschen Ingenieure die Jahre seit dem Ersten Weltkrieg nicht nutzlos hatten verstreichen lassen. Es handelte sich um die Indienststellung von *U 1*.

Um einerseits nicht den Anschluß an die U-Boot-Technologie zu verlieren und andererseits nicht mit den Bestimmungen des Versailler Vertrages in Konflikt zu geraten, wurde bereits 1922 im neutralen Holland, in Den Haag, das „N.V. Ingenieurskantoor vor Scheepsbouw“ (IvS) gegründet, das sich um Exportaufträge bemühte. Schließlich wurden für die Türkei in Rotterdam die beiden U-Boote *Birinçi Inönü* und *Ikinçi Inönü* vom IvS gebaut. Für Finnland wurden die U-Boote *Vetehinen*, *Vesehisii*, *Iku Turso*, *Vesikko* und *Saukko* gebaut, das für Spanien gebaute Boot *E 1* wurde nach dem Zusammenbruch der spanischen Monarchie nicht mehr übernommen und später ebenfalls an die Türkei verkauft. Alle diese Boote wurden nach der Übergabe gemeinsam mit deutschen Beratern eingefahren, die offiziell der „U-Boot-Abwehrschule“ angehörten. Diese jungen Männer mit ihrer Geheimausbildung wurden später zum Stamm der neugebildeten deutschen U-Boot-Waffe.

Im Laufe des Jahres 1934 wurden bei der Deutschen Werft in Kiel drei schwerbewachte Bauhallen für je zwei U-Boote errichtet.

In einer dieser Hallen wurde dann im Juni des folgenden Jahres das erste deutsche Unterseeboot fertiggestellt. Durch die planmäßige Vorbereitung des Walzmaterials konnten weitere Boote in schneller Folge gebaut werden, so daß bereits Ende September die U-Boote *U 1* bis *U 12* in Dienst gestellt waren.

Dönitz, der vom Nullpunkt beginnen mußte, ging an seine Aufgabe mit Freude und Enthusiasmus heran. Während der letzten 17 Jahre war kein U-Boot in Deutschland gebaut worden, und alle jene jungen Männer, welche die Geheimausbildung durchlaufen hatten, waren am Ende des Ersten Weltkrieges noch Kinder gewesen.

In dieser neuen U-Boot-Waffe fanden sich – außer Dönitz – nur wenige, die bereits im Ersten Weltkrieg auf U-Booten gekämpft hatten. Einer von ihnen war der Flottilleningenieur Kapitän zur See (Ing.) Thedsen. Dönitz war in der glücklichen Lage, seine Besatzungen und deren Taktik nach seinen Wünschen formen zu können. Denn die begrenzten Erfahrungen des Ersten Weltkrieges hatten keine spezielle U-Boot-Doktrin entstehen lassen, nach der jetzt vorzugehen war. Es gab für Dönitz keinerlei fertige Ausbildungsvorschrift zu lesen, zu lernen und zu befolgen, er mußte sie sich selbst erarbeiten. Bei der Ausarbeitung seiner Ideen hatte er absolut freie Hand, und er selbst war sich bereits vollkommen klar über die Grundzüge seiner künftigen U-Boot-Taktik.

So hatte er sich zum Beispiel überlegt, daß U-Boote nur geringe Erfolge erzielen konnten, solange sie nicht in größeren Gruppen eingesetzt wurden; das war eine der Lehren aus der Endphase des Ersten Weltkrieges gewesen. Damals, in der erfolgreichen Zeit des uneingeschränkten U-Boot-Krieges, wurden in den drei Frühlingsmonaten des Jahres 1917 nicht weniger als 800 Schiffe mit fast zwei Millionen Tonnen versenkt. Angesichts dieser katastrophalen Zahlen hatte der englische Premierminister Lloyd George die Admiralität zur Einführung des Geleitzugsystems gezwungen, um den Einzelfahrten ungeschützter Handelsschiffe ein Ende zu setzen.

Dönitz erinnerte sich genau, daß diese Maßnahme zusammen mit dem Unvermögen der U-Boote zu koordinierten Gemeinschaftsoperationen die Versenkungsziffern plötzlich und drastisch sinken ließ. Sollte der Gegner im Kriegsfall das Geleitzugsystem erneut einführen, so plante Dönitz als wirksamste Gegenmaßnahme die Aufstellung ganze U-Bootrudel in sichelförmigen Suchstreifen, in die der Feind hineinlaufen sollte. Das erste sichtende Boot mußte als Fühlungshalter am Feind bleiben und seine Position über Funk an die anderen Boote des Rudels durchgeben. Diese würden dann von den Seiten wie die Klauen einer riesigen Falle zusammenklappen. Mit dem Anlaufen des Ausbildungsprogrammes veranstaltete Dönitz 1937 und 1939 in der Nordsee große Manöver, bei denen sich seine Konzeption der Rudeltaktik erstmalig bewährte.

Dönitz durchdachte auch sehr sorgfältig das Problem der Größe des von ihm gewünschten Unterseebootstyps, besonders hinsichtlich seiner Meinung von der Rolle des U-Bootes in einem künftigen Krieg, wo es als Bestandteil eines Bootsrudels Handelskrieg gegen geschützte Geleitzüge führen sollte. Zugestandenermaßen bot ein großes Boot Vorteile hinsichtlich Geschwindigkeit und Aktionsradius, Torpedovorrat und Geschützbewaffnung sowie besserer Unterbringung der Besatzung. Zugunsten eines kleineren Bootes sprach für Dönitz dessen bessere Manövrierfähigkeit, das schnellere Alarmtauchen und die günstigere, kleinere Silhouette bei Überwasserfahrt. Außerdem mußte er das deutsch-englische Flottenabkommen mit einkalkulieren, welches nur eine tonnage-, aber keine zahlenmäßige Festlegung der U-Boote beinhaltete. Dönitz war der Ansicht, daß vier kleinere Boote wesentlich kampfkräftiger wären als ein einziges, viermal so großes, weil die vier kleinen U-Boote den vierfachen Seeraum absuchen könnten und somit wesentlich mehr Chancen hätten, den Feind zu entdecken und anzugreifen. Nach Abwägen aller dieser Faktoren kam Dönitz zu dem Entschluß, daß 500-Tonnen-Boote die Hauptmacht seiner Waffe darstellen sollten. Diese Meinung wurde durch intensive Erprobungen mit den ersten Booten des Typs VII A voll bestätigt.

Dieser Typ, von dem Dönitz Ende 1936 insgesamt zehn Stück besaß, war mit vier Bugtorpedorohren und einem Hecktorpedorohr bewaffnet und führte insgesamt 11 Torpedos mit. Die Artilleriebewaffnung bestand aus einer 8,8-cm-Seezielkanone L/45 C 35 und einer 2-cm-Flak C 30. Die Manövrierfähigkeit unter Wasser war hervorragend, die Geschwindigkeit über Wasser betrug 16,8 Knoten (kn), unter Wasser 8,0 kn. Das Boot konnte binnen 20 Sekunden alarmtauchen.

Der etwas verbesserte Typ VII B war zwei Meter länger, die Treibstoff-Bunkerkapazität stieg um 40 Kubikmeter, wodurch sich die Fahrstrecke von 6 200 auf 8 700 Seemeilen erhöhte. Außerdem konnten nun 14 Torpedos an Bord genommen werden. Durch diese Vergrößerungen stieg die Typverdrängung von 500 auf 517 Tonnen.

Das Oberkommando der Kriegsmarine hatte damals nicht den nötigen Einblick in die praktische Durchführung der Rudeltaktik und beharrte noch auf der aus dem Ersten Weltkrieg stammenden Idee des schwer bestückten, ozeanisch operierenden „U-Kreuzers“. Gefordert wurden gepanzerte Artillerie zum Bekämpfen eines Überwassergegners, großer Torpedovorrat und ozeanischer Fahrbereich. Daher wurde gegen den Protest Dönitz‘ auch ein 4 000-Tonnen-U-Kreuzer ins Auge gefaßt (Typ XI: *U 113–115*; 3 140 t/3 930 t; 6 Torpedorohre, 4 Geschütze 12,7 cm in Zwillingstürmen, eine 3,7-cm- und eine 2-cm-Flak).

Es war dies die erste Kontroverse zwischen dem Befehlshaber der U-Boote (BdU) und dem Oberkommando der Marine (OKM), der in den folgenden Jahren noch zahlreiche weitere folgen sollten. Die nächste Streitfrage entspann sich um die Anzahl der für die Führung eines zukünftigen Krieges notwendigen U-Boote und über deren Priorität im Rahmen des gesamten Flottenbauprogrammes. Die politische Entwicklung der Ereignisse von 1935 bis 1938 überzeugte Dönitz davon, daß trotz aller gegenteiliger Beteuerungen der kontinental denkenden Parteiführung der nächste Gegner zur See England sein würde. Und er setzte zur Führung eines effektiven Handelskrieges die Zahl der dafür notwendigen U-Boote mit rund 300 an.

Man muß die Frage der U-Boot-Rüstung im Zusammenhang mit der politischen Lage und deren Niederschlag in den Ausbauplänen für die deutsche Kriegsmarine sehen. Hitler hatte nach den Lehren des Ersten Weltkrieges in einer Schlachtflotte nur eine sinnlose Investition und einen Unruheherd für politische Agitation gesehen. Im Gefolge seiner aggressiven Expansions- und Annexionspolitik hatte er seine Meinung ins Gegenteil verkehrt und forderte immer drängender Großkampfschiffe, weil er sie als aggressives außenpolitisches Machtinstrument einsetzen wollte. Im OKM war man der Meinung, daß man England als den nächsten potentiellen Gegner nur durch einen ozeanischen Handelskrieg niederringen konnte, und forderte daher auf diese Bedürfnisse zugeschnittene Schiffe: Panzerschiffe, Spähkreuzer und U-Boote. In internen Diskussionen wurden diese Wünsche mehr in Richtung einer „ausgewogenen Flotte“ formuliert, um sie für Hitler akzeptabel zu machen. Dies war der oft zitierte Z-Plan, dessen erste Version Z von Hitler sofort verworfen wurde. Er drohte mit der Einsetzung eines zivilen Rüstungsbevollmächtigten der Partei, wenn sich die Marine nicht fügte. Schließlich hatte er auch der Armee gezeigt, wie er solche Aufgaben gelöst zu sehen wünschte, indem er Fritz Todt an die Spitze einer neuzuschaffenden Organisation stellte. Die Marine mußte nachgeben, und über zahllose Zwischenstufen kam es zum endgültigen Z-Plan, der am 1. März 1939 beschlossen wurde und bis 1948 folgende Flottenrüstung vorsah (die Zahlen in Klammern geben die 1939 bereits fertiggestellten bzw. in Bau befindlichen Einheiten an):

4 Flugzeugträger (2)
8 Schlachtschiffe (4)
5 Schlachtkreuzer (0)
20 schwere Kreuzer (8 inklusive der Panzerschiffe)

13 leichte Kreuzer (9)
22 Spähkreuzer (0)
68 Zerstörer (30)
90 Torpedoboote (36)
249 Unterseeboote (129)
302 Kleinkampfschiffe (187)
10 Minenleger (3)
909 Hilfsschiffe (123)

Damit glaubte Dönitz eine genügende Anzahl von Frontbooten zur Verfügung zu haben, um einen Gegner entscheidend treffen zu können. Er ging dabei von der Drittelparität der Frontboote aus, das heißt, ein Drittel der Boote liegt in der Heimat, ein Drittel befindet sich auf dem An- oder Abmarsch, und ein Drittel steht tatsächlich im Einsatz. Damit konnte Deutschland die Handelswege der größten seefahrenden Nation, die ausschlaggebend für die Versorgung Englands waren, lahmlegen. Denn mit einem konstanten Strom von Handelsschiffen mußte die dichtbevölkerte Insel England nicht nur die Lebensmittelversorgung, sondern auch die Zufuhr von Erzen und Erdöl, von Kraftfahrzeugen und Waffen bewerkstelligen, um einen längeren Krieg durchstehen zu können.

Daß die Handelsrouten der einzige Angriffspunkt waren, über den man die britische Wirtschaft niederringen, die Moral der Bevölkerung erschüttern und die Regierung in die Knie zwingen konnte, war Dönitz zweifellos klar. Doch die Ansicht, daß das U-Boot als einzige Waffe jene kriegsentscheidende Rolle spielen würde, indem es England von seinen überseeischen Quellen abschneiden konnte, teilten nur wenige von Dönitz' Vorgesetzten. Man muß sich außerdem vor Augen halten, daß Douhets Theorie des totalen Bombenkrieges als das Nonplusultra der modernen Kriegführung angesehen wurde und Göring konsequenterweise eine Armada von Stukas und Mittelstreckenbombern aufbaute, durch deren integrierten Einsatz beinahe ganz Europa ja später tatsächlich von den Deutschen erobert wurde. Auch auf der Gegenseite wurde der Bedrohung der Handelswege von wenigen genügend Beachtung geschenkt – mit Ausnahme von Winston Churchill, der instinktiv begriff, welche Bedrohung auf England zukam.

Churchill schrieb später: „Das einzige, was mir während des Krieges wirklich Angst machte, war die U-Boot-Gefahr . . . Unsere Lebensader war selbst auf weiter See und insbesondere im Vorfeld unserer Insel gefährdet. Ich war über diese Schlacht wesentlich mehr besorgt, als ich es während der ruhmreichen Luftkämpfe der ‚Luftschlacht um England' gewesen war." Und etwas später bemerkt er noch: „Die U-Boot-Angriffe waren bei weitem das Schlimmste für uns. Die Deutschen hätten gut daran getan, all ihre Kraft hineinzulegen."

Dönitz wollte mit aller Kraft zuschlagen. Er hatte fast 300 Unterseeboote gefordert. Bei Kriegsausbruch aber verfügte die deutsche Marine erst über 57 fertige U-Boote, und davon kamen nur 32 für einen Atlantik-Einsatz in Frage.

Das Waffensystem Unterseeboot

Bis in die ersten Jahre des Zweiten Weltkrieges war das Unterseeboot vorwiegend ein Überwasserfahrzeug; erst der spätere Kriegsverlauf zwang zum radikalen Umdenken. Dönitz selbst widersprach oft der laienhaften Meinung, daß ein U-Boot meist unter Wasser fahre, indem er vom „Tauchboot“ sprach, das meist an der Oberfläche fuhr und nur tauchte, um einen Torpedo-Tagesangriff zu fahren oder einem angreifenden Zerstörer oder Flugzeug zu entkommen.

Ein Unterseeboot besitzt zwei getrennte Antriebsanlagen. Während der Überwasserfahrt wird es von zwei starken Dieselmotoren angetrieben, die aber nach dem Untertauchen abgestellt werden müssen, weil zur Verbrennung des Dieselöls Luftsauerstoff benötigt wird. Wenn die Diesel-Zuluftschächte überflutet sind, bleibt nur noch die Luft im Bootsinneren als Sauerstoffvorrat, doch diesen verbrauchen die Diesel in kurzer Zeit. Die Motoren sterben ab und die Besatzung erstickt, wenn nicht nach dem Untertauchen auf zwei batteriebetriebene Elektromotoren umgeschaltet wird.

Die großen Bleibatterien jener Jahre wogen einige Tonnen, ihre Kapazität reichte für eine Unterwassergeschwindigkeit von acht Knoten. Bei ökonomischer Geschwindigkeit konnte ein U-Boot etwa 24 Stunden getaucht fahren und dabei etwa 60 Seemeilen zurücklegen. Danach waren die Batterien erschöpft, und das Boot mußte auftauchen, um mit den Dieseln über Generatoren die Batterien aufzuladen, was bis zu drei Stunden in Anspruch nehmen konnte.

Das Herzstück eines Unterseebootes ist der Druckkörper, eine druckfeste Röhre, die durch Schotten in einzelne Abteilungen unterteilt ist. Um Wohlbefinden, Einsatzbereitschaft und Gesundheit der Besatzung zu gewährleisten, entspricht der Innendruck des getauchten Bootes etwa dem Luftdruck an der Wasseroberfläche. Da aber der Wasserdruck mit zunehmender Tiefe stark ansteigt, bedeutet das, daß ein Unterseeboot eine von der mechanischen Festigkeit des Druckkörpers abhängige Höchsttauchtiefe hat. Wird diese überschritten, so beult der Wasserdruck die Platten nach innen ein, Nieten springen heraus, Schweißnähte reißen, der Druckkörper implodiert, und das Boot sinkt auf den Meeresgrund.

Außen am Druckkörper befinden sich Tauchtanks, die oben ein Luft- und unten ein Flutventil aufweisen. Sind die Tauchtanks mit Luft gefüllt, verleihen sie dem Druckkörper genug Auftrieb, damit Deck und Aufbauten aus dem Wasser ragen. Werden die Luft- und die Flutventile gleichzeitig geöffnet, dringt Seewasser in die Tauchtanks ein, verdrängt die Luft und verringert den Auftrieb, so daß das Boot schließlich untertaucht. Durch mechanisches Ein- oder Auspumpen von Wasser oder durch Einblasen von Preßluft kann die Tauchtiefe eingependelt werden. Zusätzlich kann man ein Unterseeboot auch dynamisch, das heißt mit Hilfe der Tiefenruder, die wie Flugzeugruder funktionieren, unter Wasser steuern.

Die Tauchtanks brauchen nicht so massiv gebaut zu sein wie der Druckkörper, da sie ja beim Tauchen geöffnet und daher Innen- und Außendruck gleich sind.

Aus demselben Grund sind auch die Treibstoffbunker, die sich ebenfalls außerhalb des Druckkörpers befinden, ungewöhnlich konstruiert. Sie besitzen nach unten zu ein offenes Seeventil, während das Entnahmeventil oben sitzt. Eindringendes Seewasser ersetzt allmählich das verbrauchte Dieselöl, welches auf dem schwereren Wasser schwimmt, wodurch kein Wasser in den Motor geraten kann. Durch diese Methode entsteht kein unerwünschtes Luftpolster in den Treibstoffbunkern, und diese können beim Tieftauchen nicht zusammengedrückt werden.

Da die Stabilität eines getauchten Unterseebootes sehr viel leichter gestört wird als die eines Überwasserschiffes – schon ein Mann, der von vorn nach achtern geht, kann ein fein ausgetrimmtes U-Boot aus der Waagerechten bringen –, gibt es außerdem noch ein System von kommunizierenden Trimm- und Regeltanks im Druckkörper.

Die Hauptwaffe eines Unterseebootes sind seine Torpedos – Sprengladungen mit Eigenantrieb, die selbst schon wieder kleine U-Boote sind –, die verschiedene Entwicklungsstufen durchliefen. Anfangs wurden sie von Preßluft, die ein kleines Turbinenrad in Drehung versetzte, angetrieben. Allerdings hinterließen sie eine verräterische Blasenspur, deren rechtzeitige Entdeckung dem Angegriffenen genügend Zeit für Ausweichmanöver ließ. Später ging man zum batteriebetriebenen Elektroantrieb über, dem blasenlosen E-Torpedo. Auch der Zündmechanismus durchlief eine Entwicklung. Die frühen Torpedos hatten Aufschlagpistolen, das heißt, sie explodierten, wenn sie auf einen Widerstand, zum Beispiel einen Schiffsrumpf stießen. Natürlich gab es bei einem so komplizierten Mechanismus zahlreiche Störquellen. So konnte die Zündpistole versagen, oder die fehlerhafte Tiefensteuerung ließ den Torpedo wirkungslos unter dem Ziel durchlaufen, bis seine Batterien erschöpft waren. Ein Versagen der Seitensteuerung konnte den Torpedo zum gefürchteten „Kreisläufer" werden lassen, der das eigene Schiff gefährdete. Später ging man zur Magnetzündung über, die dann ansprach, wenn der Torpedo in das durch die Metallmasse des Zieles verursachte Eigenfeld eindrang. Dieser Torpedo ist deswegen so gefährlich, weil man ihn auf eine Tiefe einstellen kann, bei der er direkt unter dem Ziel explodiert, wodurch die Stoßwelle den Kiel des Schiffes bricht.

In der zweiten Kriegshälfte wurden raffinierte Zielsuchköpfe entwickelt. Der speziell gegen Zerstörer entwickelte Horchtorpedo T 5 „Zaunkönig" visierte die lauteste Geräuschquelle im Zielgebiet, also zum Beispiel eine Schiffsschraube an. Da sich die Alliierten schnell mit dem Nachschleppen von Geräuschbojen halfen, wurde das verbesserte Modell T 11 entwickelt. Dieses wich einer starken Geräuschquelle rechtwinkelig aus und schlug dann eine enge Kreisbahn ein, auf der das die Boje schleppende Schiff möglicherweise getroffen wurde.

Noch kompliziertere Zielsuchköpfe wie der des flächenabsuchenden Torpedos FAT, der ein großes Seegebiet in langen S-Schleifen absuchte, oder der lagenunabhängige Torpedo LUT, der auf Kurswendungen bis zu 180 Grad programmiert werden konnte, kamen im Atlantik nur beschränkt zum Einsatz.

Aus Sicherheitsgründen soll ein Torpedo nicht gleich vom Augenblick des Abschießens an scharf sein. Das besorgt ein kleiner Propeller an der Spitze des „Aales“, dessen Umdrehungen im Fahrtstrom ein Maß für die zurückgelegte Sicherheitsstrecke geben.

Ausgehend von den Erfahrungen des Ersten Weltkrieges waren die deutschen U-Boote anfangs mit einer 8,8-cm-Kanone an Deck bestückt, um der Prisenordnung entsprechend Frachter anhalten und gegebenenfalls auch mit Artillerie versenken zu können. Als die alliierte Luftbedrohung überhandnahm, wurden die Kanonen ausgebaut, dafür wurde die Bewaffnung an leichter Flak verstärkt. Dazu wurde die Plattform auf dem Kommandoturm vergrößert und noch eine weitere angebaut. Auf diesen scherzhaft „Wintergarten“ genannten Ständen kamen mehr und mehr Flak-Waffen zum Einbau: 2 cm C 38 in Einzellafette oder Zwillingslafette 38 M, vereinzelt auch die Marineversion 38/43 U des berühmten „Flakvierlings 38“; außerdem 3,7 cm Flak in Einzel- oder Doppellafette 42 U, und bei Kriegsschluß fand bereits, wenn auch selten, die 4-cm-Bofors 28 in Einzellafette Verwendung. Die Zahl kennzeichnet jeweils das Einführungsjahr, die Buchstaben M und U geben den Verwendungszweck Marine oder U-Boot an.

Für die Männer, die ein Unterseeboot bedienten und die Torpedos abfeuerten, war der Dienst sowohl in bezug auf ihr Prestige wie auch hinsichtlich seiner Schwierigkeiten einzigartig. Auf einem U-Boot vom Typ VII lebten zum Beispiel 44 Mann wochenlang unter äußerst beengten, spartanischen Bedingungen. Beim Auslaufen zur Feindfahrt war buchstäblich jeder freie Raum mit Lebensmitteln vollgepackt. Das bedeutete, daß sogar das zweite Bordklosett bis unter die Decke mit Lebensmittelkisten, -säcken und Konserven vollgestopft war und an allen Gestängen Hartwürste baumelten. Frischnahrung wurde möglichst leicht zugänglich gestaut, oft auch in den Besatzungsunterkünften. War diese aufgebraucht, ging der Koch zu Konserven und Trockennahrung über. Da der Seemann vieles erträgt, nur nicht schlechtes, eintöniges Essen oder gar Hunger, hingen das Wohlbefinden und die Kampfmoral in großem Maße von der Klugheit und der Voraussicht jener ab, die die Lebensmittel in der Reihenfolge des Verbrauchs unterzubringen hatten. Das ist nur ein kleines Beispiel dafür, welche vorausschauende Planung vor jeder Feindfahrt notwendig war.

Natürlich gab es so gut wie keine Möglichkeit zu körperlicher Bewegung oder gar zum Exerzieren. Spaziergänge waren unmöglich, und das Deck oder gar das Bootsinnere boten kaum Platz für etwas Gymnastik. Auf See konnte man nur durch das Turmluk, das gerade einen Mann durchließ, ins Bootsinnere gelangen. Da ein U-Boot erst tauchen kann, wenn alle in Sicherheit sind und eine lange Warteschlange beim Luk ein Alarmtauchen unverantwortlich verzögert, liegt es auf der Hand, daß nur die wenigen Wachgänger regelmäßig an die frische Luft kamen. Alle anderen konnten nur unter glücklichen Umständen für kurze Zeit turnusweise an Deck. Da man wegen der Knallgasgefahr aus den gasenden Batterien im Boot nicht rauchen durfte, kann man leicht ermessen, wie gefragt die seltenen, kurzen „Smoketimes" an Deck waren.

Das Thema „1 Unterwasserklosett und 44 Mann" schuf besondere Probleme, insbesondere da die Wachgänger Vorrang hatten und der „Lokus" überhaupt nur bis zu einer gewissen Tauchtiefe verwendet werden durfte.

Und schließlich die enorme psychische Belastung, das Warten während des Angriffes, ob man von den Geleitfahrzeugen entdeckt worden war und angegriffen würde. Ein entsetzliches Geräusch verriet den U-Bootfahrern, daß das Boot geortet worden war: das „Ping" der Asdic-Impulse, des ältesten alliierten Unterwasserortungsgerätes. Dieser Apparat wurde nach den Initialen des alliierten Ausschusses zur Untersuchung der Unterseebootortung (Allied Submarine Detection Investigation Committee) benannt, in dessen Auftrag das Asdic bereits 1917 entwickelt worden war.

Zwischen den Kriegen war die „Wunderwaffe" Asdic durch zahllose Berichte bekannt geworden, was mit ein Grund war, warum die Royal Navy so wenig Gewicht auf den Ausbau ihrer eigenen U-Bootwaffe legte. Das Asdic-Gerät – der Vorläufer des heutigen Sonar – besteht aus einem drehbaren Schallgeber und kreisförmig angeordneten Hydrophonen, die in einem buckelförmigen Gehäuse – heute Sonardom – am Kiel eines Zerstörers angebracht sind. Das Herzstück des Schallgebers ist ein Schwingquarz, der, elektrisch angeregt, Schallwellen in das umgebende Wasser abgibt. Treffen diese auf ein Hindernis, werden sie reflektiert und können in den Hydrophonen wieder aufgenommen werden, wonach der Horchkontakt auf einem Fernsehschirm optisch dargestellt werden kann. Durch Ändern des Schiffstandortes und Einpeilen kann der Horchgast Standort und Entfernung des Ziels feststellen, und der Zerstörer kann angreifen. Zwei Nachteile des Asdic konnten auch ein geortetes U-Boot wieder entkommen lassen. Zum ersten konnte ein Horchkontakt nur bis zu einer gewissen Mindestentfernung aufrechterhalten werden. War der Zerstörer auf Wasserbomben-Wurfweite herangekommen, wurde kein Echo mehr empfangen, und die Schiffsführung des Zerstörers mußte die Position des U-Bootes erraten. Das bedeutete, daß ein U-Boot der Hauptwucht des Angriffes schnell ausweichen konnte und vielleicht nur oberflächliche Beschädigungen davontrug. Zum zweiten konnten die frühen Asdic-Geräte nicht dreidimensional orten, und die tatsächliche Tiefe des Zieles konnte ebenfalls nur geschätzt werden.

Für die U-Bootfahrer endete ein Angriff oft mit einem gefährlichen Duell mit einem Zerstörer, das vom Schraubengeräusch und den Asdic-Impulsen des Zerstörers eingeleitet wurde. Zuerst vernahmen sie den anlaufenden Zerstörer, dann das „Ping“ der Ortung und schließlich wieder die Schrauben, wenn der Zerstörer weiterfuhr, um ein präziseres Echo zu bekommen. Und dann folgten die mächtigen Explosionen der Wasserbomben. War die Tiefeneinstellung richtig gewählt worden, rüttelten die Schockwellen das Boot wie eine gewaltige Sturmbö durch. Dann war es um das U-Boot meist schon geschehen. Nur selten war es noch möglich, aufzutauchen und die Besatzung zu retten, bevor das Boot sank. Doch im allgemeinen gab es wenig Chancen, über Bord zu springen und sich in ein Floß zu retten – und wenig Wahrscheinlichkeit, vom Feind aufgefischt und in ein Kriegsgefangenenlager eingeliefert zu werden, um hier das Kriegsende abzuwarten. Meist versank das U-Boot nach heftigen Wassereinbrüchen in Tiefen, wo der Druckkörper erbarmungslos zerquetscht wurde, oder es blieb auf dem Meeresgrund liegen, und die Überlebenden mußten erbärmlich ersticken.

Noch ein Wort über Radar oder „Funkmeß“, wie es in der deutschen Kriegsmarine bezeichnet wurde. Obwohl Deutschland auf dem Gebiet der Funkmeßortung 1939 führend war, führten einige Faktoren dazu, daß die deutschen U-Boote niemals ausgiebig Radar einsetzten. Die deutschen Wissenschaftler vertraten die Meinung, daß es nicht möglich sei, in den Frequenzbereich der Zentimeterwellen vorzudringen. Daher waren die zu Beginn des Krieges auf 82 Zentimeter Wellenlänge arbeitenden Geräte recht ungenau und eher nur als Schlechtwetter-Navigationshilfen zu gebrauchen, denn als präzises Ortungsmittel. Erst als die Deutschen aus einem abgeschossenen britischen Bomber das zur Erzeugung von Zentimeterwellen erforderliche revolutionäre Hohlraummagnetron bargen und nachbauten, konnten sie diese technische Hürde nehmen. Doch 1944 war es bereits viel zu spät, den eingetretenen Entwicklungsrückstand aufzuholen. Die deutsche Marine verließ sich auf ihr zweifellos überlegenes optisches Gerät. Sie überbewertete die Möglichkeit, eine Strahlungsquelle einzupeilen, also die Entdeckungsgefahr des eigenen, aktiven Ortens und schuf analog zum Begriff der „Funkstille" den Begriff der „Funkmeßstille". So wurden die Vorteile passiver Ortung in krasser Fehleinschätzung über diejenigen der aktiven Ortung gestellt.

Und schließlich waren diejenigen Radargeräte, welche man in die deutschen U-Boote ab der zweiten Kriegshälfte einbaute, zwar auf ausfahrbaren Masten angebracht, konnten aber beim Schnorcheln nicht verwendet werden. Da die U-Boote wegen der alliierten Luftbedrohung überhaupt nur noch getaucht operieren konnten, waren diese Radargeräte, die nicht eingeschaltet werden sollten – „Funkmeßstille" – nutzlos.

Trotz alledem hatte die deutsche U-Bootwaffe nie über Mangel an Freiwilligen zu klagen. Die Tätigkeit, die Kameradschaft, das Gefühl in einem kleinen Team wichtig zu sein, all das zog die Männer zur U-Bootwaffe und hielt die Moral bis zum bitteren Ende hoch.

Die Probleme des Krieges: September 1939 bis Mai 1940

Als Großbritannien am 3. September 1939 Deutschland den Krieg erklärte, verfügte Kommodore Karl Dönitz als Führer der U-Boote (FdU) über 57 U-Boote, aufgeteilt auf sechs Flottillen. Allerdings waren davon nur 32 für den Einsatz in den Weiten des Atlantik geeignet, bei den restlichen 25 Booten handelte es sich um kleine Küsten-U-Boote der Type II (250 Tonnen), die nur in der Nordsee einsetzbar waren, sogenannte „Einbäume" oder „Lochkriecher".

Für die zu lösende Aufgabe war das eine eher kärgliche Streitmacht, wenn man bedenkt, daß von den 32 Hochseebooten (Type VII b, VII c und IX) kaum mehr als sieben gleichzeitig gegen den Schiffsverkehr im Atlantik eingesetzt werden konnten. Dönitz wußte, daß er weit davon entfernt war, den gegnerischen Verkehr so stören zu können, daß England einem baldigen Frieden zustimmte. Alles, was er erreichen konnte, waren einige wenige Nadelstiche.

Überdies wurden diese Nadelstiche noch weiter verringert durch die Regeln der Handelskriegführung, denen die U-Boote unterworfen waren. Die strengen Bestimmungen der Prisenordnung sahen vor, daß ein U-Boot aufzutauchen, ein Schiff anzuhalten und zu untersuchen hatte. Stellte sich dann heraus, daß dieses Schiff zu versenken war, weil es zum Beispiel Bannware für den Gegner transportierte, mußte zuallererst die Besatzung in Sicherheit gebracht werden. Rettungsboote wurden nicht als ausreichende Sicherheit angesehen; eigentlich hätten die U-Boote die Schiffbrüchigen an Bord nehmen müssen. Das war angesichts der bereits unter normalen Umständen qualvollen Enge in einem U-Boot völlig unmöglich. Nur wenn ein Handelsschiff unter Geleitschutz fuhr, der Aufforderung zum Anhalten Widerstand leistete oder offensichtlich Truppen transportierte, durfte ohne vorherige Untersuchung und Warnung angegriffen werden.

Die Notwendigkeit, ein Schiff anzuhalten, um es zu untersuchen, setzte das U-Boot unweigerlich der Gefahr eines Angriffes durch jedes auch nur eingermaßen bewaffnete Schiff aus. Und ein Unterseeboot ist ungepanzert, relativ klein und daher besonders verletzlich.

Eine zusätzliche Schwierigkeit kam nach der französischen Kriegserklärung hinzu. Trotz dieses offiziellen Aktes wollte es Hitler noch nicht zu offenen Feindseligkeiten kommen lassen und untersagte am 6. September jeden Angriff auf französische Schiffe mit Ausnahme der Selbstverteidigung.

Noch verwirrender wurde die Situation im Gefolge der Umstände, unter denen der erste Torpedo „im scharfen Schuß" abgefeuert worden war. Am Tag der Kriegserklärung sichtete *U 30* unter dem Kommando von Kapitänleutnant Lemp 250 Seemeilen westlich von Irland ein Schiff, von dem er annahm, daß es sich außerhalb der üblichen Schiffahrtsrouten befand, abgeblendet war und Zickzack-Kurs steuerte. Lemp sprach das Schiff als Hilfskreuzer an und ging sofort zum Angriff über, nachdem er es als Engländer identifiziert hatte. Drei Torpedos trafen, und der große Passagierdampfer mit 1 400 Menschen an Bord sank, wobei 128 Menschen ums Leben kamen. Unglücklicherweise war dies aber kein Truppentransporter, sondern das Passagierschiff *Athenia*, von England nach den USA unterwegs, und die meisten Opfer waren Zivilisten.

Die englische Regierung beschuldigte das Deutsche Reich sofort der Eröffnung des uneingeschränkten U-Bootkrieges und des Völkerrechtsbruches. Die deutsche Regierung wies alle Verantwortung von sich, und da Lemp über Funk nichts dergleichen mitteilte, kam die Wahrheit erst ans Licht, als er nach seinem Einlaufen Ende September dem FdU Bericht erstattete. Auch wenn Lemp seinen Angriff im guten Glauben gefahren hat, so handelte er doch entgegen Hitlers Befehl, den Handelskrieg streng nach Prisenordnung zu führen. Die deutsche Regierung behauptete beharrlich, daß keines ihrer U-Boote für den Verlust der *Athenia* verantwortlich sei. Das OKM wurde angehalten, die Angelegenheit geheim zu halten, und Dönitz wurde gezwungen, Lemp zu befehlen, die betreffende Seite aus dem Kriegstagebuch zu entfernen und durch eine mit unverfänglichen Eintragungen zu ersetzen.

Auch Goebbels' Propagandaministerium versuchte die Beteiligung eines deutschen U-Bootes an der Tragödie in Abrede zu stellen, anstatt die Sache besser auf sich beruhen zu lassen. Es verbreitete die kaum irgendwo geglaubte Erklärung, daß die *Athenia* auf Befehl des englischen Ersten Seelords, Winston Churchill, versenkt worden sei, um Deutschland als ersten kriegführenden Staat des Völkerrechtsbruches anklagen zu können.

Die unmittelbare Auswirkung des Verlustes der *Athenia* war, daß Hitler, der immer noch einen baldigen Frieden mit England und Frankreich im Auge hatte und deswegen einen offenen Ausbruch von Feindseligkeiten vermeiden wollte, die Aktivitäten der U-Boote weiter einschränkte. Am 4. September ging der Funkspruch „Auf Anordnung des Führers zunächst keine Feindhandlungen gegen Passagierdampfer, auch wenn im Geleit" an die U-Boote.

Der deutschen Seekriegsleitung (SKL) schienen die Auflagen der politischen Führung untragbar angesichts der unzureichenden Zahl an Frontbooten, und sie erwirkte bald eine stufenweise Aufhebung der Beschränkungen. Am 23. September genehmigte Hitler auf Drängen Raeders den Angriff auf solche Schiffe, die funkten, nachdem sie angehalten worden waren. Einen Tag später wurde der Nichtangriffsbefehl hinsichtlich französischer Schiffe widerrufen, und dann wurden schrittweise Seegebiete zu Kriegszonen erklärt, in denen abgeblendete Schiffe ohne Warnung angegriffen werden konnten: am 30. September die Nordsee, am 2. Oktober die englischen und französischen Küstengewässer bis 15 Grad westlicher Länge, am 19. Oktober bis 20 Grad West. Bereits am 17. Oktober durften alle als feindlich erkannten Schiffe mit Ausnahme von Passagierdampfern angegriffen werden, und am 17. November fiel auch diese Einschränkung. So wurden schrittweise die Weichen für den uneingeschränkten U-Bootkrieg gestellt, wie ihn Dönitz und die SKL anstrebten.

Inzwischen hatten die U-Boote ihre Operationen gegen solche Schiffe fortgesetzt, bei denen jeder Zweifel ausgeschlossen war.

Am 14. September kreuzte eine englische U-Jagdgruppe mit dem Flugzeugträger *Ark Royal* westlich der Hebriden. *U 39* unter dem Kommando von Kapitänleutnant Gerhard Glattes begegnete dem Träger und schoß einen Torpedofächer ab. Es handelte sich allerdings um Torpedos mit Magnetzündung, die sämtlich zu früh detonierten und die *Ark Royal* unbeschädigt ließen. Die begleitenden Zerstörer versenkten das U-Boot – das erste des Krieges – und nahmen die Besatzung gefangen. Der Flugzeugträger war allerdings nur knapp entkommen.

Drei Tage später hatte *U 29* mehr Glück. Kapitänleutnant Otto Schuhardt suchte die Schiffahrtsrouten westlich des Ärmelkanals ab, als er die Silhouette eines Schiffes sichtete, das er auf 10 000 BRT schätzte. Als er Flugzeuge über dem Schiff entdeckte, sprach er es als legitimes Angriffsziel an. Bevor der Deutsche aber zum Angriff kommen konnte, wendete der Passagierdampfer ab. Da er zu schnell ablief, um ihm unter Wasser zu folgen, wartete Schuhardt ab, um dann außer Sichtweite aufzutauchen und sich über Wasser in günstige Schußposition vorzusetzen. Als er vor dem Auftauchen nochmals sicherheitshalber einen Rundblick durchs Periskop machte, sichtete er an Backbord einen dunklen Fleck am Horizont, der sich bei näherer Beobachtung als Flugzeugträger entpuppte. Alle Angriffspläne auf den Passagierdampfer waren sofort vergessen. Es dauerte zwei Stunden, bis der Träger auf Torpedoschußweite heran war. Und dann hatte Schuhardt das unwahrscheinliche Glück, daß ihm der Träger einladend seine Breitseite bot. Ohne zu zögern, handelte er und schoß einen Dreierfächer ab, mußte aber sofort vor einem Zerstörer wegtauchen. Auf dem Weg in die sichere Tiefe vernahmen er und seine atemlose Besatzung zwei donnernde Explosionen. Obwohl er es nicht selbst gesehen hatte, wußte er, daß er den Flugzeugträger versenkt hatte. Es handelte sich um die *Courageous*, und mit ihr gingen der Kommandant und 518 Mann in die Tiefe.

Sofort griffen die Zerstörer mit Wasserbomben an. Während Schuhardt auf 70 Meter wegtauchte, wurde sein Boot von vier heftigen, nahen Explosionen durchgeschüttelt. Doch das Boot hielt stand und entkam. Nach der Heimkehr erfuhr Schuhardt, daß seine Heldentat das Tagesgespräch in der Marine und in ganz Deutschland war. Es war der erste bekanntgegebene Erfolg der deutschen U-Bootwaffe, und er bestätigte sowohl in Fachkreisen als auch in der breiten Öffentlichkeit die wahren Fähigkeiten eines Unterseebootes.

War der erste Angriff eines U-Bootes in diesem Krieg ein tragischer Irrtum gewesen, so sollte kurze Zeit später ein zweiter Angriff eine noch größere Heldentat werden. Das Unternehmen war bereits zweimal am Ende des Ersten Weltkrieges versucht worden und hatte beide Male mit dem Verlust der U-Boote geendet. Nun glaubte Dönitz, daß die Zeit für einen erneuten Versuch reif sei.

Der Plan sah vor, daß ein U-Boot in die Bucht von Scapa Flow eindringen und die britische Flotte mitten an ihrem Ankerplatz zwischen den Orkney-Inseln angreifen sollte. Dönitz hatte diesen Plan seit den ersten Kriegstagen verfolgt und das kleine *U 14* zur Beobachtung zu den Orkneys entsandt. *U 14* kam mit einer Fülle interessanter Daten über die Gezeitenströmungen in diesen nautisch äußerst schwierigen Gewässern zurück. Die Berichte des Kommandanten des Bootes zusammen mit Luftaufnahmen der verschiedenen Sperren in den Zufahrten hatten Dönitz zu der Überzeugung gebracht, daß man am ehesten durch den schmalen Kirk-Sund in dieses Heiligtum der britischen Home Fleet eindringen konnte.

Mit großer Sorgfalt suchte Dönitz den richtigen Mann für dieses Unternehmen aus und wählte schließlich Kapitänleutnant Günther Prien, den Kommandanten von *U 47*. Er berief Prien zu sich, fragte ihn, ob er einen solchen Auftrag annehmen würde, machte ihn auf die Gefahren aufmerksam und gab ihm 48 Stunden Bedenkzeit. Nachdem Prien mit seinem Leitenden Ingenieur und seinem Ersten Wachoffizier, Oberleutnant zur See Engelbert („Bertel") Endraß, die Unterlagen studiert und Für und Wider abgewogen hatte, nahm er an. Aus Geheimhaltungsgründen setzte Dönitz den Oberbefehlshaber der Kriegsmarine, Großadmiral Raeder bloß mündlich in Kenntnis.

Als Angriffstermin wurde die Nacht vom 13. auf den 14. Oktober festgesetzt, wo das Stillwasser in die Nachtstunden einer lichtlosen Neumondnacht fallen mußte. Auch Prien hielt das Unternehmen streng geheim. Er teilte es seiner Besatzung erst am Morgen des Angriffstages mit, als *U 47* bereits vor den Orkneys in hundert Meter Tiefe lag. Zu seiner Beruhigung schienen die Männer Gefallen an dieser kühnen, aber höchst gefährlichen Unternehmung zu finden, und der Kampfgeist erreichte seinen Höhepunkt.

Bei Einbruch der Dunkelheit tauchte Prien auf und nahm Kurs auf den Kirk-Sund. Alles war perfekt vorausberechnet, nur eines war trotz minuziöser Planung nicht vorherzusehen gewesen: Ein phantastisches Nordlicht erhellte den Himmel. Trotzdem beschloß Prien weiterzumachen, weil eine ähnlich günstige Konstellation von schwachen Gezeiten und mondloser Nacht erst wieder einige Wochen später eintreten konnte. Wer wußte, ob die Geheimhaltung bis dahin gewahrt bleiben würde, ob seine Männer dann noch von ihrem spontanen Kampfgeist beseelt sein würden?

Höchste seemännische Erfahrung war notwendig, um das Boot durch die für diese unwirtlichen Inseln charakteristischen, heimtückischen Gezeitenströme zu steuern. Dennoch wäre *U 47* um ein Haar in eines der drei halbversenkten Blockschiffe hineingefahren; es streifte in der starken Strömung eine der stählernen Trossen, durch welche die Schiffe miteinander verbunden waren

Admiral Karl Dönitz, der Schöpfer der deutschen U-Boot-Waffe.

Auf der Brücke. Entspannung nach einer erfolgreichen Unternehmung.

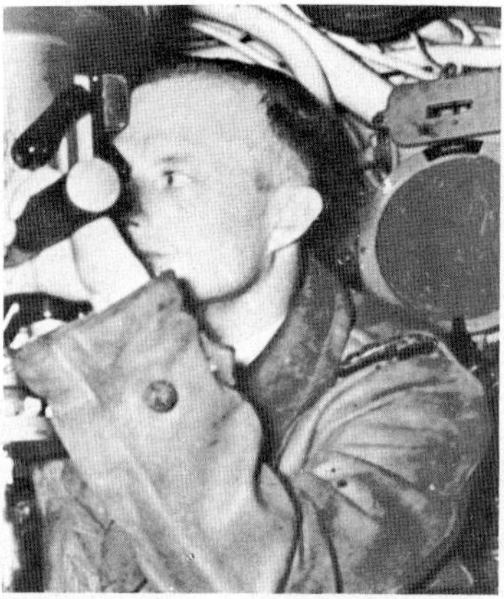

Links: Brückenwache im Ölzeug. Wind und Gischt machten im Atlantik zu schaffen.
Rechts: Am Sehrohr. Die Navigation unter Wasser war kompliziert und schwierig.

Unten: Eine der härtesten, schmutzigsten und gefährlichsten Arbeiten oblag den Torpedomechanikern.

Das englische Schlachtschiff *Royal Oak* wurde im Oktober 1939 von *U 47* bei einem kühnen Unternehmen in Scapa Flow versenkt. Scapa Flow, Hauptankerplatz der englischen Flotte, in den Günther Prien eindrang.

Der tapfere und hervorragende Günther Prien, Kommandant von *U 47,* war einer von Dönitz' bevorzugten U-Boot-Kommandanten.
Kapitänleutnant Herbert Schultze *(U 48)* erhielt als erster das Ritterkreuz. Die stolze Besatzung fertigte bereits auf See mit Bordmitteln den Orden an.

und büßte dabei seinen Minenabweiser ein. Aber um 00.27 Uhr war Prien glücklich durch die zweite Minensperre durchgebrochen. Im Süden bei Cava konnte er nichts erkennen, die Reede schien leer, doch auf dem Hauptankergrund im Norden konnte er zwei Schlachtschiffe und einige Zerstörer ausmachen. Eines der Schlachtschiffe wurde als eines der *Revenge*-Klasse, das andere als Schlachtkreuzer der *Repulse*-Klasse angesprochen. Prien ging näher heran und feuerte um 00.58 Uhr aus 3 000 Meter einen Viererfächer aus den Bugrohren. Ein Torpedo blieb im Rohr stecken, einer detonierte an einer Ankerkette. Die anderen beiden mußten Versager gewesen sein. Auch der Hecktorpedo war ein Fehlschuß. Enttäuscht ließ Prien abdrehen und erwartete das Ausbrechen eines Großalarmes mit anschließendem Wasserbombensegen.

Es geschah überhaupt nichts. Über sein Glück erstaunt, blieb Prien an der Oberfläche, während unten fieberhaft die Bugrohre nachgeladen und der Rohrläufer klar gemacht wurden. Um 01.16 Uhr fuhr er seinen zweiten Angriff auf die 29 150 Tonnen große *Royal Oak*, denn um dieses Schlachtschiff handelte es sich tatsächlich. Diesmal war die Wirkung immens. Riesige Wassersäulen und Qualmwolken wurden durch eine gigantische Explosion in den Himmel geschleudert, rund um das U-Boot regnete es Wrackträmmer. Dreizehn Minuten später war der Stahlkoloß gekentert und unter der Wasseroberfläche verschwunden. Mit ihm fanden 833 britische Seeleute den Tod.

Nun kam Leben in den Hafen, Boote nahmen Fahrt auf, um den Eindringling zu stellen. Prien jagte sein Boot mit aller Maschinenkraft in Richtung Kirk-Sund, hinter sich einen verräterischen weißen Schaumstreifen, der sicherlich bald entdeckt werden würde. Und schon war ihm ein Zerstörer auf den Fersen, der bedrohlich näherkam und das U-Boot mit dem Signalscheinwerfer anmorste.

Doch dann geschah das Unglaubliche: der Zerstörer drehte plötzlich ab und warf seine Wasserbomben anderswo. Dicht unter der Küste, wo die Bootssilhouette mit den Felskuppen verschmolz, ging die hastige Fahrt. Da kam die Küstenstraße von Scapa Bay her ein Auto, dessen Scheinwerfer in einer Kurve der Straße für kurze Zeit das Boot hell anstrahlten. Mit einemmal wendete der Wagen und raste nach Scapa Bay zurück.

Weiter ging die Fahrt gegen den reißenden Gezeitenstrom, wobei die Elektromotoren zu den Dieseln zugekuppelt wurden, um das Allerletzte an Geschwindigkeit herauszuholen. Schließlich wurde abermals die enge Passage des Kirk-Sund erreicht. Und wieder steuerte Prien das U-Boot mit unendlicher Vorsicht und bemerkenswertem Können zwischen dem Blockschiff und dem gegenüberliegenden hölzernen Anlegesteg vorbei aus dem Kanal hinaus und verschwand auf der offenen See.

Wie sich später herausstellte, hatte Prien gut daran getan, sein Unternehmen nicht aufzuschieben, denn bereits am nächsten Tag traf ein weiteres Blockschiff in Scapa Flow ein, das gerade an jener letzten ungesicherten Stelle, durch die er eingedrungen war, versenkt werden sollte. Wäre dieses Sperrschiff nur einen Tag früher eingetroffen, scheint es fraglich, ob Prien so erfolgreich durch den Sund gekommen wäre.

Am 17. Oktober lief *U 47* in Wilhelmshaven ein, begeistert von allen Einheiten der Kriegsmarine empfangen, die Besatzungen zur Parade an Deck angetreten. Der Oberbefehlshaber der Kriegsmarine, Großadmiral Raeder, stand an der Schleusenpier, um zu gratulieren. Prien erhielt das EK I, die gesamte Besatzung das EK II. Auch Dönitz wurde ausgezeichnet: Er wurde vom Kommodore zum Konteradmiral befördert und offiziell zum Befehlshaber der U-Boote (BdU) ernannt. Noch am selben Nachmittag wurde die gesamte Besatzung von *U 47* nach Berlin geflogen, um dem Führer vorgestellt zu werden. Nun waren sie Volkshelden. Sie waren nach Scapa Flow eingedrungen, hatten eines der großen Schiffe der Royal Navy versenkt und waren unbehelligt wieder nach Hause gekommen. Und es war in Scapa Flow gewesen, so erinnerten sich die nationalstolzen Deutschen, wo sich ihre Hochseeflotte nach ihrer Auslieferung an die siegreichen Briten im Jahre 1921 ruhmlos selbst versenkt hatte.

Handelskrieg

Die Erfolge deutscher U-Boote gegen englische Kriegsschiffe waren sicherlich spektakulär. Doch im Rahmen des Gesamtkrieges waren die Operationen gegen die alliierte Handelsschiffahrt zumindest ebenso wichtig. Hier erfüllten die U-Bootkommandanten ihre Pflicht ohne die große Publizität – ob nun von Vorteil oder nicht –, die den glänzenden Erfolgen von Prien, Schuhardt und Lemp anhaftete. Anstatt Glanz und Beifall war ihr einziger Lohn die Gewißheit, daß jedes versenkte Schiff sie dem Ziel einen Schritt näher brachte, Deutschlands Gegner zur Unterwerfung zu zwingen.

In diesen ersten Kriegsmonaten lernten die Besatzungen nach der relativen Sicherheit und dem Frieden der Ausbildung das wahre Gesicht des Krieges kennen, wenn sie von einem englischen Zerstörer mit Wasserbomben angegriffen wurden.

Kapitänleutnant Herbert („Vaddi") Schultze, der für seine mit *U 48* versenkten ersten 100 000 Bruttoregistertonnen (BRT) das Ritterkreuz erhielt, war unter den ersten, die einen solchen Angriff kennenlernten. Bei einer seiner frühen Feindfahrten griff er zwei im Geleit fahrende Frachter an und versenkte einen davon, dann mußte er vor einem heranbrausenden Zerstörer wegtauchen. Nachdem er eine halbe Stunde mit lautloser Schleichfahrt marschiert war, hatte er den Gegner sichtlich abgeschüttelt und ging wieder auf Sehrohrtiefe, um nachzusehen. Dabei entdeckte er reiche Beute: einen ganzen Geleitzug.

In wenigen Minuten hatte er seinen Kurs ausgearbeitet und wollte gerade zum Angriff tauchen, als ein Sunderland-Flugboot direkt auf ihn zukam. Es blieb nur noch Alarmtauchen. Schultze ließ sich als letzter durch das Turmluk ins Boot fallen, während das Boot bereits unterzuschneiden begann, weil das Wasser in die Fluttanks rauschte. Das Boot ging über den Bug in die Tiefe. Zur Beschleunigung rasten alle wachfreien Männer durch die enge Zentrale in den Bugtorpedoraum. Der Turm war noch kaum unter Wasser, als der Besatzung vier Explosionen in den Ohren dröhnten.

Weiter ging es kopfüber in die Tiefe, und die im Bugraum ineinander verkeilten Männer hatten wenig Ahnung, ob ihr Boot nicht bereits durch die Bomben der „Sunderland" außer Kontrolle geraten war. Doch schließlich wurde es abgefangen und in die Waagerechte eingependelt. Gleich darauf vernahmen sie das Schraubengeräusch eines anlaufenden Zerstörers, gefolgt von jenem Ton, der selbst den tapfersten U-Bootfahrer zum Erschauern brachte – dem „Ping" des Asdic-Peiltones. Das bedeutete, daß das Boot geortet worden war.

Es dauerte nicht lange, bis die erste Wasserbombe geworfen wurde, unter deren Explosion das Boot erzitterte. Eine zweite lag noch näher, und wieder wurde das Boot gehörig durchgeschüttelt. Schultze ging etwas tiefer, änderte unmerklich den Kurs und stahl sich unter sparsamster Benützung der E-Maschinen möglichst lautlos davon. Während der nächsten zwanzig Minuten geschah nichts, und die U-Bootfahrer wunderten sich, daß sie anscheinend so leicht entkommen waren. Aber sie täuschten sich: Drei weitere Wasserbomben detonierten ganz nahe am Boot, Tiefenmesser und Funkgerät gingen zu Bruch.

Doch der Druckkörper hielt stand. Schultze entschloß sich, das Boot auf Grund zu legen. Alle Maschinen und Hilfsmaschinen wurden abgestellt, die Besatzung flüsterte bloß, um jedes Geräusch zu vermeiden. Doch der Horcher da oben schien immer noch auf ihrer Spur zu sein, und sie konnten deutlich hören, wie er schrittweise seinen Standort veränderte, um ihre Position genau einzupeilen. Schließlich warf er wieder eine Lage gutgezielter Wasserbomben. Waschbecken und anderes Porzellan klirrten,

Glühbirnen zerbrachen, und im Turm ging das Schauglas des Tiefenmessers zu Bruch. Dann wiederum Stille.

Schultze verharrte auf dem Meeresgrund, bis er wußte, daß oben die Dunkelheit hereingebrochen war. Dann ging er auf 60 Meter, schlich zentimeterweise zwei Seemeilen dahin und hoffte, trotz böser Ahnungen dort aufzutauchen, wo die Luft rein war. Die „reine Luft" entpuppte sich als Trugschluß, denn er war inmitten einer aus 24 Schiffen bestehenden U-Suchgruppe aufgetaucht!

Immer noch suchten sie ihn, glitten einige Meter vorwärts, um sofort wieder ihr Asdic in Betrieb zu nehmen. Schultze nahm Kurs auf die größte Lücke zwischen zwei Fahrzeugen – kaum tausend Meter breit – und schlich mit den E-Maschinen anstatt der lauten Diesel und mit dem Handruder anstatt der elektrischen Rudermaschine unbemerkt aus dem Schwarm.

„Über Wasser vom Feind gelöst" schrieb er lakonisch ins Kriegstagebuch und fügte triumphierend hinzu: „Noch mal davongekommenn!"

Erfahrungen wie die von *U 48* waren charakteristisch für den Beginn des Krieges, obwohl nicht alle so glimpflich abliefen. Doch die großen Erfolge gegen die alliierte Handelsschiffahrt wogen die Angst und die Beschädigungen, ja selbst die wenigen U-Bootverluste auf. Im September 1939 wurden 49 Schiffe mit 201 121 BRT, im Oktober 34 Schiffe mit 184 706 BRT versenkt. Im November fiel die Versenkungsziffer auf 26 Schiffe mit 61 221 BRT und stieg erst im Dezember auf 40 Schiffe mit 102 428 BRT.

Der Grund für diesen Rückgang war einfach. Wie Dönitz vorausgesehen hatte, konnte nur ein Drittel der Boote am Feind stehen. Für den Kriegsbeginn traf das aber nicht zu, damals eröffneten 32 Boote gleichzeitig den Kampf. Es war unausbleiblich, daß alle mehr oder weniger zum gleichen Zeitpunkt alle Torpedos verschossen hatten und ihre Vorräte zur Neige gingen. Es würde einige Monate brauchen, bis sich ein natürlicher Einsatzrhythmus eingependelt hatte und eine konstante Anzahl von Booten am Feind stand.

Im neuen Jahr stiegen die Versenkungen wieder auf 55 Schiffe mit 171 105 BRT im Januar und 51 Schiffe mit 191 766 BRT im Februar.

Als die Sache dann wieder richtig in Schwung zu geraten schien, wurden ab dem 4. März alle Aktionen durch einen unerklärlichen Befehl eingestellt; die Tätigkeit der Boote vor der norwegischen Küste wurde stark eingeschränkt. Selbst Dönitz wurde erst einen Tag darauf über den Sinn dieses Befehls informiert. Das „Unternehmen Weserübung", die gleichzeitige Besetzung von Dänemark und Norwegen, warf seine Schatten voraus, und die U-Boote wurden zur Deckung der Landungsoperationen gegen alliierte Gegenmaßnahmen benötigt.

Dönitz konnte für dieses Unternehmen 31 U-Boote bereitstellen, indem er zwei Boote ihre Ausbildung mit Hochdruck abschließen ließ und sechs Schulboote aus der Ostsee abzog.

Wie sich später herausstellen sollte, konnten sich die U-Boote während des Norwegenfeldzuges nur zur Aufklärung und für Transportaufgaben nützlich machen. Aufgaben, für die sie kaum geschaffen waren. Doch wurde mit relativ wenig Verlusten eine Krise überstanden, die unter anderen Umständen – etwa beim Angriff auf schwer gesicherte Geleitzüge – weit verlustreicher hätte enden können.

Insgesamt wurden 36 Angriffe, vorwiegend auf englische Truppentransporter gefahren, doch alle Torpedos versagten. So hatte *U 47* unter Günther Prien am 15. April sechs Transporter, darunter drei 30 000-Tonner, entdeckt, die in den engen Gewässern des Bygden-Fjordes Truppen ausschifften. Zwischen 22.00 und 23.00 Uhr schoß er auf Entfernungen zwischen 750 und 1 500 Metern insgesamt vier Torpedos auf eine kompakte Linie sich gegenseitig überdeckender Transporter und Zerstörer ab. Doch obwohl es nichts zu verfehlen gab, detonierte kein einziger der Torpedos, und die Engländer bemerkten den Angriff nicht einmal. Prien ließ nachladen, er und sein I. WO kontrollierten diesmal persönlich die Tiefeneinstellung der Torpedos – abermals zwischen vier und fünf

Meter. Der zweite Angriff zeigte wieder keine Wirkung; lediglich ein Geradlaufversager detonierte an einem Felsen und alarmierte die Bewacher. Beim Abdrehen geriet das Boot auf Grund und kam nur mit Mühe wieder frei. Zerstörer hefteten sich an seine Fersen und griffen mit Wabos an. Trotz Maschinenschadens konnte sich Prien aus dem engen Fjord hinauszwängen und entkommen.

Drei Tage später sichtete er das englische Schlachtschiff *Warspite* und griff aus nur 900 Metern Entfernung mit zwei Torpedos an. Wieder trafen sie nicht, nur ein Endstreckenversager detonierte und alarmierte die Zerstörer. Sie kamen aus allen Richtungen heran und brachten *U 47* in eine Lage, die Prien kühl als „außerordentlich schlimm" bezeichnete. Am 20. April sichtete er zum drittenmal ein lohnendes Ziel, diesmal einen Geleitzug auf Nordkurs. Obwohl ihm der Angriff ein leichtes gewesen wäre, hatte er begreiflicherweise das Vertrauen in seine Torpedos verloren und unternahm nichts. Nach der Rückkehr zum Stützpunkt klagte er mit Recht, daß man von ihm nicht erwarten könne, mit solchen Attrappen zu kämpfen.

Priens unglückliche Torpedoversager waren charakteristisch für die Krise, welche die ersten Kriegsmonate prägte. Schon zu Beginn der Norwegenaktion waren die englischen Schlachtschiffe *Nelson* und *Rodney* und der Schlachtkreuzer *Hood* mit zehn begleitenden Zerstörern Kapitänleutnant Zahn mit *U 56* vor die Rohre gelaufen. Der kühne Angriff auf die schwer gesicherten Großkampfschiffe hätte leicht mit einem Totalverlust des Bootes enden können. Zahn fuhr einen Unterwasserangriff, schoß einen Dreierfächer und hörte seine Torpedos sogar am Rumpf der *Nelson* auftreffen, doch keiner explodierte. Der Vorfall erregte Zahn derartig, daß er für einige Zeit aus dem Frontdienst ausschied und Lehrer an der U-Bootschule wurde.

Zum Ende des Norwegenfeldzuges hatte die Torpedokrise einen solchen Umfang angenommen, daß eine hochnotpeinliche Untersuchung ihrer Ursachen eingeleitet wurde. Das geheimnisvolle Versagen der Magnetzündung in den skandinavischen Gewässern wurde den verschiedensten Ursachen zugeschrieben, unter anderem dem Eisenerzreichtum der dortigen Gesteine. Doch Prien hatte Aufschlagzünder verwendet, so daß für ihn eher ein Versagen der Tiefensteuerung anzunehmen war. Die U-Boote schienen ohne verläßliche Waffe zu sein.

Am 20. April begann eine eigene Torpedokommission ihre eingehenden Untersuchungen, komplizierte Versuche zeigten zusätzlich zu den bereits zutage getretenen Fehlern weitere auf. In manchen Fällen hatte der Zündbolzen die Zündkapsel nicht ausgelöst, in anderen Fällen war die Zündkapsel zwar detoniert, hatte aber den Gefechtskopf nicht zur Explosion gebracht. In seltenen Fällen waren die Torpedos zu steil aufgetroffen und ohne zu explodieren abgeglitten, wie es vielleicht bei Zahns erfolglosem Angriff der Fall gewesen war.

Als Ergebnis wurde ab Juni 1940 nur noch die Verwendung von Aufschlagpistolen gestattet, von den unzuverlässigen Magnetpistolen wurde abgegangen. Da aber in Kürze keine verbesserten Aufschlagpistolen zur Truppe gelangen konnten, wurden die potentiellen Versenkungschancen der U-Boote eingeschränkt. In den nächsten Monaten waren sie bei manchen Angriffen gezwungen, mehr als den einen Torpedo zu verschießen, der an und für sich zur Versenkung des Zieles ausgereicht hätte. Die folgende Analyse der Torpedotreffer zeigte, daß nur 40 Prozent der Schiffe durch Einzeltreffer versenkt worden waren. Für fast den gleichen Prozentsatz waren zwei Treffer notwendig gewesen, und mehr als ein Fünftel der Schiffe hatte bis zu vier Treffer erfordert. So kam es vor, daß frühzeitig leergeschossene U-Boote zu den Stützpunkten heimkehren mußten und Frachter, denen sie während der Heimfahrt noch begegneten, nicht angreifen konnten.

Die Schlacht im Atlantik beginnt

Nach dem Norwegenfeldzug mußten die meisten deutschen U-Boote zur Überholung und zu Reparaturen zurück, die Schulboote kehrten zur Ausbildungsgruppe Front („Agru Front“) zurück, um Besatzungen für die schnell anwachsende U-Bootflotte auszubilden. Nicht vor Juni 1940 standen nennenswerte Verbände an deutschen U-Booten wieder im Handelskrieg.

Anfangs konzentrierte sich das Einsatzgebiet auf dic Gewässer rund um England und den Eingang des Ärmelkanals. Der Fall Frankreichs im Juni bescherte dem BdU eine Reihe von wertvollen Stützpunkten an der Atlantikküste: Lorient, St. Nazaire, Brest, La Pallice und Bordeaux. Der außerordentliche Wert dieser vorgeschobenen Absprunghäfen wurde von den U-Bootoffizieren schnell erkannt. Nicht nur, daß die Boote jetzt einen kürzeren treibstofffressenden Anmarschweg durch leere Seegebiete vor sich hatten, durch den Entfernungsgewinn gegenüber den deutschen und norwegischen Stützpunkten bedeutete das ein weiteres Vorstoßen in den Mittelatlantik hinein, jenseits des beschränkten Aktionsradius‘ der Geleitfahrzeuge. Damals erhielten Geleitzüge nur bis 15 Grad westlicher Länge Deckung, dann wurde meist ein West-Ost Konvoj übernommen und heimgeleitet. Ab Juli verlegten die Alliierten diesen Treffpunkt auf 17 Grad, ab Oktober auf 19 Grad West. Der U-Boot-Krieg wurde aus den Küstengewässern in die weiten ozeanischen Seeräume hinausgetragen und führte unausweichlich zur „Schlacht im Atlantik“.

Im Sommer 1940 konnten die deutschen U-Boote, denen sich

nur wenige und manchmal überhaupt keine Geleitfahrzeuge entgegenstellen konnten, eine von Dönitz schon lange bevorzugte Angriffstaktik anwenden: den Überwasser-Nachtangriff. An der Oberfläche konnten sie mit den Mitteln der Unterwasserschallortung nicht gefunden werden, und ihre hohe Diesel-Überwassergeschwindigkeit machte sie zu einem überlegenen Gegner der meisten der zu jener Zeit unzureichenden alliierten Geleitfahrzeuge. Dazu kam noch, daß ihre schmale Überwassersilhouette von der niedrigen Ausguckhöhe der Zerstörer aus vor dem Hintergrund der dunklen Weiten des Atlantiks fast unsichtbar war und sie nur in Glücksfällen mit dem Suchscheinwerfer entdeckt werden konnten. Für den U-Bootkommandanten wiederum standen die hohen Rümpfe der Tanker und Frachter als klare Silhouetten am helleren Nachthimmel und gaben ein perfektes Ziel ab. Als die U-Bootkommandanten mit der „Blindheit" der Geleitfahrzeuge umzugehen gelernt hatten und erkannten, wie ihnen die Umstände entgegenkamen, nahm ihre Kühnheit unvorhergesehene Ausmaße an. Oft stießen sie mitten in die Geleitzüge hinein und suchten sich ihre Ziele auf Mindestschußweite heraus.

Aus der Rückschau der späteren Zeiten mit ihren sinkenden Versenkungsziffern war dies der blutige Sommer, in dem sich die deutschen U-Bootasse – Engelbert Endraß auf *U 46*, Hans Rösing auf *U 48*, Otto Kretschmer auf *U 99*, Joachim Schepke auf *U 100*, Frauenheim auf *U 101* und natürlich Günther Prien auf *U 47* – ihren Ruf erwarben.

Wenn man Priens Berichte von seiner sechsten Feindfahrt im Juni 1940 studiert, erkennt man, wie die deutschen U-Boote damals die Oberhand hatten. Am 14. Juni entdeckte Prien einen aus 42 Schiffen bestehenden Geleitzug, der in sechs Kolonnen zu je sieben Schiffen lief und nur von fünf Zerstörern geleitet war. Aber der Geleitzug war zu schnell und lief ihm davon. Dann entdeckte Prien einen Nachzügler – ein wahres Geschenk. Mit nur einem Torpedo versenkte Prien den mit Flugzeugrümpfen und -tragflächen beladenen 5834-BRT-Frachter *Balmoralwood.* Nach längerer Pause griff *U 47* am 21. drei Tanker an und versenkte davon den 13 056-Tonner *San Fernando.* Noch am gleichen Tag versenkte er die 1 885 BRT große *Catherine*, am 27. die 4 005 BRT große *Lenda* und den 2 850-Tonner *Leticia*, am 29. den 4 421-BRT-Dampfer *Empire Toucan* und einen Tag später den 4 201 BRT großen Griechen *Georgios Kyriakides.*

Bevor Prien noch zu seiner nächsten Feindfahrt auslief, befahl Hitler am 17. August die totale Blockade der Britischen Inseln und gestattete die warnungslose Versenkung aller in den Sperrzonen angetroffenen Neutralen. Das bedeutete das Ende des Handelskrieges nach Prisenordnung. Als Prien am Morgen des 19. Oktober den Geleitzug *HX 79* sichtete, hatte er bereits im September sechs Schiffe mit zusammen 35 007 BRT versenkt und war an der Versenkung zweier weiterer mitbeteiligt gewesen. Über Funk rief er *U 38* (Liebe), *U 46* (Endraß), *U 48* (jetzt Bleichrodt) und *U 100* (Schepke) herbei. Gemeinsam schossen sie aus dem Geleit 15 Schiffe mit insgesamt 75 068 BRT heraus und beschädigten eines. Doch bereits in der Nacht vorher hatten die Boote *U 38, U 46, U 48, U 99* (Kretschmer) *U 100, U 101* (Frauenheim) und *U 123* (Moehle) in dem Geleitzug *SC 7* furchtbar gewütet, 20 Schiffe mit insgesamt 79 381 BRT versenkt und weitere fünf beschädigt. Innerhalb von zwei Nächten büßte die alliierte Transportschiffahrt 35 Schiffe mit 154 430 BRT ein. Prien hatte nach dieser Feindfahrt als erster die 200 000 Tonnen erreicht und wurde mit dem Eichenlaub zum Ritterkreuz ausgezeichnet.

Im weiteren Verlauf erreichten die Versenkungsziffern dieses triumphalen Sommers überwältigende Höhen: im Juni 63 Schiffe mit 356 987 BRT, im Juli 40 Schiffe mit 198 978 BRT, im August 57 Schiffe mit 282 696 BRT. Inzwischen hatte die italienische Führung eine Beteiligung am U-Bootkrieg vorgeschlagen. Am 25. Juni erklärte Hitler sein Einverständnis, wünschte aber eine völlige Trennung der deutschen und der italienischen U-Bootführung, lediglich ein Verbindungsstab zur „Betasom“, den italienischen U-Bootkräften in Bordeaux, sollte eingerichtet werden.

Im August erzielten die italienischen U-Boote ihre ersten Erfolge und versenkten zwei Schiffe mit 13 593 BRT. Im September versenkten die deutschen U-Boote 58 alliierte Schiffe mit 304 938 BRT, die Italiener weitere zwei Schiffe mit 3 632 BRT. Und im Oktober erreichten die Erfolge der deutschen U-Bootwaffe ihren Höhepunkt mit der Versenkung von 61 Schiffen mit 345 512 BRT, weitere fünf mit 15 947 BRT gingen auf das Konto der Italiener. In diesen Zahlen nicht mit eingerechnet sind die ungefähr zehn Prozent Schiffe, die zwar beschädigt wurden, aber eingeschleppt werden konnten.

Um einen Begriff davon zu geben, welche Fehlbeobachtungen den U-Bootkommandanten an Ort und Stelle sowohl hinsichtlich der Größe des Zieles als auch über dessen tatsächlichen Verlust unterliefen, sei hier auch jene Versenkungszahl genannt, die in den Sondermeldungen des OKW für August 1940 bekanntgegeben wurde, nämlich 503 000 BRT. Dazu ist aber zu sagen, daß im Rahmen der nächtlichen Rudelangriffe oft Schiffe durch ein U-Boot beschädigt und durch ein anderes dann endgültig versenkt wurden. Oft gaben jedoch beide Boote eine Versenkungsmeldung ab.

Dagegen gingen im Zeitraum Juni–Oktober 1940 sieben deutsche U-Boote verloren, und 26 neue wurden in Dienst gestellt. Alles in allem war es die „glückliche Zeit" der deutschen U-Boote.

Abgesehen von den enormen Mengen versenkten Schiffsraumes ist diese Periode auch noch aus einem anderen Grund bemerkenswert. Denn zum ersten Male wurde die von Dönitz aus den Erfahrungen des Ersten Weltkrieges abgeleitete Doktrin, daß U-Boote nur dann erfolgreich waren, wenn sie in großen Zahlen und koordiniert angriffen, im großen Umfang in der Praxis angewandt. Im Licht der Kriegserfahrungen wurde diese Methode zur erfolgreichen „Rudeltaktik" weiterentwickelt und verfeinert.

Ein U-Boot, das einen Geleitzug sichtete, durfte nicht allein angreifen, sondern mußte über Funk alle anderen Boote in der Nähe herbeirufen. Bei einem gemeinsamen Angriff konnten die U-Boote dann überproportionale Erfolge erzielen, denn ein Massenangriff überstieg die Abwehrkapazität der Geleitfahrzeuge. Während diese zum Beispiel nach einem gesichteten U-Boot suchten, drangen bereits an anderer Stelle U-Boote in den Geleitzug ein. Außerdem hatten die U-Bootkommandanten bald bemerkt, daß nach einer Versenkung meist ein Geleitfahrzeug zurückblieb, um die Überlebenden aufzufischen. Oder es blieb ein Frachter zurück, um einem lahmgeschossenen Kameraden beizustehen, und wurde so ein leichtes Opfer der lauernden U-Boote.

Um den höchsten Wirkungsgrad zu entfalten, mußte ein laufender Informationsaustausch zwischen den in See stehenden Booten und ihrer Leitstelle stattfinden. Alle diese Fäden liefen im „Lagezimmer" des BdU zusammen, wo alle erreichbaren Informationen über gegnerische Schiffsbewegungen auf großen Wandkarten dargestellt wurden.

Andere Karten zeigten wichtige Navigationsangaben, wie die Gezeitenströmungen und vor allem das Wetter. Mit solch einer kompletten Übersicht konnte Dönitz seine „Wolfsrudel" am günstigsten in den Marschrouten der Geleitzüge aufstellen.

Die Bezeichnung „glückliche Zeit" war diesem erfolgreichen Sommer angemessen, dabei waren damals nie mehr als zwischen 50 und 60 Boote in Dienst. Es übersteigt die Vorstellungskraft, sich auszumalen, was geschehen wäre, wenn Dönitz bereits damals über die von ihm geforderten 300 Unterseeboote hätte verfügen können.

Probleme kündigen sich an: Winter 1941

Jede glückliche Zeit muß einmal enden. Nach den großen Einsätzen im Sommer mußten viele Boote zur Überholung in die Werften. Am Feind standen weniger Boote, und die Versenkungen gingen um die Hälfte zurück. Im November wurden 34 Schiffe mit 173 995 BRT versenkt, die Italiener vernichteten zwei Schiffe mit 7 600 BRT.

Im übrigen war das Wetter in diesem Winter extrem schlecht, und die relativ kleinen U-Boote fuhren auch an der Oberfläche mehr unter als über Wasser. Die Brückenwachen mußten sich am Turm anschnallen, um nicht über Bord gespült zu werden. Unter diesen Bedingungen, wo Spritzwasser und Gischt den Ausgucks die Sicht nahmen, wurden zunehmend weniger Geleitzüge gesichtet.

Gegen Ende 1940 wurden auch zahlreiche Fahrzeuge für den Geleitschutz im Nordatlantik frei, die bisher zur Abwehr der befürchteten deutschen Invasion in den englischen Häfen bereitgelegen hatten. Die U-Boote mußten nun noch weiter auf den Atlantik hinaus ausweichen, wo die Geleitzüge noch ungeschützt waren, doch die Weiträumigkeit der See erschwerte deren Auffinden erheblich.

Im Monat Dezember 1940 war nur eine einzige Geleitzugschlacht zu verzeichnen. Die Boote *U 37* (Clausen), *U 47* (Prien), *U 52* (Salman), *U 99* (Kretschmer) und *U 101* (jetzt Mengersen) griffen im Überwasser-Nachtangriff das Geleit *HX 90* an, schossen aber nur neun Schiffe mit 52 817 BRT heraus. Außerdem ging auf das Konto Prien noch der 16 402 BRT große Hilfskreuzer *Forfar*. Insgesamt wurden im Dezember 42 Schiffe mit 240 676 BRT versenkt. Die Italiener erreichten erstmals höhere Erfolge: fünf Schiffe mit 17 842 BRT.

England war es inzwischen gelungen, seinen Bestand an Geleitfahrzeugen aufzustocken, indem es von den USA im Rahmen des Leih- und Pachtvertrages 50 alte, noch aus dem Ersten Weltkrieg stammende Zerstörer im Austausch gegen Stützpunktrechte auf Island, den Westindischen Inseln und in Britisch Guayana erhielt. Außerdem war es den Engländern gelungen, ihre Marine und Luftwaffe zu einer bemerkenswerten Zusammenarbeit zu bringen. In zunehmendem Maß erhielten die Geleitzüge nun Luftsicherung, vorwiegend durch die Sunderland-Flugboote des „Coastal Command". Mit ihren Wasserbomben konnten die Sunderlands U-Boote, die bereits an den Geleitzügen standen, unter Wasser drücken, wo sie langsam und praktisch blind waren. Gelang es dem Flugzeug, ein U-Boot lange genug unter Wasser zu halten, so konnte der Geleitzug inzwischen Kurs wechseln, und das U-Boot verlor den Kontakt.

Am 4. Dezember übernahm die britische Admiralität den Befehl über das Coastal Command. Obwohl es noch nominell Bestandteil der Royal Air Force blieb, hatte nun die Admiralität über die Verwendung der Flugzeuge zu bestimmen. Man muß das sicherlich auch im Zusammenhang damit sehen, daß England inzwischen die Luftschlacht um England durchgestanden hatte und das Ringen um buchstäblich jedes einzelne Flugzeug zur Verteidigung Südenglands beendet war. Aus diesen Gründen verbesserte sich die Luftsicherung der Geleitzüge seit Anfang 1941 stetig.

Im Gegensatz dazu hatte BdU Dönitz extreme Schwierigkeiten, auch nur das geringste Maß an Zusammenarbeit mit der Luftwaffe zu erreichen. Schon vor dem Krieg war Raeder mit Göring über die Notwendigkeit der Schaffung einer von der Luftwaffe unabhängigen deutschen Marineluftwaffe aneinandergeraten. Dieses Ringen hatte mit Görings Entscheidung „Alles, was fliegt, gehört mir!“ sein Ende gefunden. Nun war viel Zeit verlorengegangen, und Dönitz stand vor dem Problem, daß seine U-Boote ihre eigene Aufklärung fahren mußten. Es liegt auf der Hand, daß der Sichtradius vom niedrigen Turm eines U-Bootes aus sehr klein ist. Und ohne großräumige Luftaufklärung waren die U-Boote dazu verdammt, manchmal wochenlang in See zu stehen, bis sie durch Zufall auf einen Geleitzug stießen.

Am 14. Dezember 1940 übermittelte Dönitz der Seekriegsleitung (SKL) ein Schreiben, in dem er eindringlich auf die Notwendigkeit von eigenen Fernaufklärungsflügen für die U-Boote hinwies. Am 2. Januar 1941 trug Dönitz nochmals die Sachlage dem Oberbefehlshaber der Marine, Großadmiral Raeder, vor, der ihm schon für den nächsten Tag einen Termin beim Chef des Wehrmachtführungsstabes, General Jodl, verschaffte. Es gelang ihm, Jodl von der Richtigkeit seiner Ausführungen zu überzeugen, und dieser leitete sie an den Führer weiter. Dönitz hatte allen Grund zur Zufriedenheit. Am 7. Januar griff Hitler persönlich ein und unterstellte die aus zwölf Langstreckenbombern des Typs Focke-Wulf *FW 200 „Condor“* bestehende I. Gruppe des Kampfgeschwaders 40 (I./KG 40), die in Bordeaux stationiert war, direkt dem BdU. Alles das ging ohne Görings Wissen über die Bühne, denn er befand sich gerade auf einem längeren Jagdurlaub. Als er nach seiner Rückkehr davon erfuhr, schien der Konflikt unausweichlich.

Als er am 7. Februar mit seinem Sonderzug in der Nähe von Lorient hielt, bat er den BdU zu sich. Dönitz lehnte es bei dieser Unterredung rundweg ab, stillschweigend zu dulden, daß Göring den Befehl Hitlers wieder rückgängig machte, wies die Einladung zum Nachtmahl zurück, und die beiden schieden in eisiger Atmosphäre.

Die langersehnten und so heißumkämpften *FW 200 „Condor“* (Oberstleutnant Harlinghausen), von denen sich Dönitz erhofft hatte, daß sie seine U-Boote unverzüglich zu den von ihnen aus der Luft entdeckten Konvois lotsen würden, stellten sich ihrer Aufgabe als nicht ganz gewachsen heraus. Ihre Reichweite (also Hin-

und Rückflug plus 20 Prozent Reserve) war mit etwa 1 750 Kilometer immer noch zu gering, und vor allem reichten die wenigen Maschinen natürlich bei weitem nicht aus, um halbwegs konsequent aufzuklären. Schwierigkeiten gab es auch bei den Standortbestimmungen: Manchmal gelang es nicht einmal mit einem breiten Suchstreifen von U-Booten, einen Geleitzug auf der vom Flugzeug angegebenen Position zu finden. Die Standortabweichungen beliefen sich gelegentlich schon mal auf 80 Seemeilen.

Ironischerweise spielte sich das erste Zusammenwirken zwischen Flugzeug und U-Boot genau umgekehrt ab. *U 37* unter Nico Clausen stand ab 9. Februar allein am Geleit *HG 53*. Nachdem er drei Schiffe versenkt hatte, kam auf seine Fühlungshaltersignale die 2. Staffel der I./KG 40 herbei, die nochmals fünf Frachter aus der Luft versenkte. Dönitz betrachtete das als gutes Omen, doch es sollten noch einige Monate vergehen, bis die Flugzeugbesatzungen nach Spezialausbildung und Einsatzerfahrung der U-Bootwaffe die gewünschte Unterstützung geben konnten.

Technische Neuerungen halfen den Geleitfahrzeugen, gegen die U-Boote anzukommen. Zum ersten entwickelten die Engländer ein sehr genaues, vor allem sehr schnell arbeitendes Kurzwellen-Sichtfunkpeilgerät, den sogenannten Adcock-Peiler. Dessen an das Gestänge eines Kastendrachens erinnernde charakteristische „Huff-Duff-Antenne“ (nach der Abkürzung HF/DF für High frequency/Direction finding) fand sich bald auf den Mastspitzen aller englischen Geleitschiffe. Mit einem Netz von Landpeilgeräten und denjenigen an Bord der Schiffe war es nun erstmals möglich, den zur Rudeltaktik notwendigen Kommunikationsmechanismus gegen die Wolfsrudel selbst anzuwenden. Es wurde möglich, selbst die Kurzsignale der Boote exakt einzupeilen. Kaum hatte ein Fühlungshalter seine Kameraden herbeigerufen, wurden deren Bestätigungen auch schon eingepeilt, und die Geleitfahrzeuge konnten sich ihnen gezielt in den Weg stellen. Interessanterweise sind die merkwürdigen Huff-Duff-Antennen nie ernstlich aufgefallen, ihre Bedeutung wurde daher nie kritisch hinterfragt. Lange Zeit glaubte man daher, daß nur Radar den U-Booten zum Verhängnis geworden war.

Ähnlich wie Dönitz in seinem „Lagezimmer", sammelten auch die Engländer alle Informationen über die deutschen U-Boote, deren sie habhaft werden konnte. In der Admiralität wurde dieses riesige „Puzzle" mühsam zusammengefügt. Im „Submarine Trakking Room", dem Nervenzentrum der britischen U-Bootabwehr und Geleitzugsteuerung, wurden die Standorte aller entdeckten U-Boote auf Seekarten dargestellt und stets auf dem neuesten Stand gehalten. Aus dieser Gesamtlage konnte man dann versuchen, die nächsten Bewegungen der U-Boote vorauszuberechnen und gegebenenfalls Geleitzüge um die Wolfsrudel herumzuleiten.

Auf dem wichtigen Gebiet der Funkmeß- und Radarforschung finden sich gravierende Unterschiede zwischen den englischen und den deutschen Ansichten.

Ursprünglich waren die Deutschen auf diesem Gebiet führend und hatten bereits zu Kriegsbeginn viele Überwassereinheiten mit dem auf 82 Zentimeter Wellenlänge arbeitenden „Seetakt"-Gerät ausgerüstet. Die deutschen Wissenschaftler waren allerdings der Meinung, daß es unmöglich sei, Geräte mit geringerer Wellenlänge über den Laborversuch hinauszubringen. Dazu muß man wissen, daß ein Radargerät – grob gesprochen – um so genauer ortet, je kürzer seine Wellenlänge ist. Die ersten Radargeräte waren daher eher als Navigationshilfen und zur Grobortung geeignet, ihre Daten zum präzisen Artillerie- oder Torpedoschießen noch zu ungenau. Vor allem aber war ausschlaggebend, daß Hitler in der Euphorie der ersten Blitzsiege alle Waffen-Neuentwicklungen hatte stoppen lassen, weil sie ja in diesem – vermeintlich kurzen – Krieg doch nicht mehr zum Einsatz kommen würden. Die deutsche Kriegsmarine vertraute ohnehin auf ihr überlegenes optisches Gerät, so daß sie der Stillstand der Funkmeßforschung nicht allzusehr traf.

England hingegen war bei Kriegsbeginn noch viel weiter zurück, konzentrierte sich aber sofort mit ganzer Kraft auf die Radarforschung und mobilisierte alle greifbaren Wissenschaftler. Obwohl die ersten beiden Typen des englischen Schiffssuchradars ASV Mark I und Mark II (Anti Surface Vessel Radar) noch auf der unbefriedigenden Wellenlänge von 1,5 Metern arbeiteten, kam das Gerät zur Truppe. Inzwischen wurde fieberhaft an der Weiterentwicklung des nach der Kapitulation Hollands von Philips (Eindhoven) nach England gelangten Labortyps des revolutionären Hohlraummagnetrons gearbeitet, um in den Bereich der Zentimeterwellen vorzustoßen.

Anfang 1941 kam das ASV Mark II in größeren Stückzahlen an die Front, und englische Suchflugzeuge begannen von dem im Vorjahr besetzten Island aus über dem Atlantik zu patrouillieren. Es war der erste Schritt zur Schließung des „Loches im Atlantik", dem die Alliierten höchste Bedeutung zumaßen. Denn in dem weiten Seeraum, der von den Küstenflugplätzen aus nicht kontrolliert werden konnte, bewegten sich die deutschen U-Boote noch ungestört. Eine ähnliche Überwachungslücke gab es im Mittelatlantik im Seeraum um die Azoren, wo Süd-Nord-Konvois aus Gibraltar und Sierra Leone ohne Luftschirm waren. Mit dem Einsatz neuer Flugzeuge von größerer Reichweite konnten die Alliierten diese Überwachungslücken schrittweise verkleinern und den U-Booten das Leben mehr und mehr erschweren.

Alle diese Faktoren führten zu einem Rückgang der Versenkungen auf 15 Schiffe mit 102 002 BRT im Januar 1941. Die Italiener versenkten in diesem Monat acht Schiffe mit 32 907 BRT. Im Februar gingen 44 Schiffe mit 221 589 BRT auf das Konto der deutschen und vier Schiffe mit 20 065 BRT auf das Konto der italienischen U-Boote.

Die meisten dieser Erfolge wurden gegen ungeschützte Einzelfahrer oder gegen Nachzügler erzielt, denen sich die an die Schiffe im Geleitzug gebundenen Sicherungskräfte nicht mehr widmen konnten.

Die Schwierigkeiten, denen sich die U-Bootfahrer bald gegenübersehen sollten, kündigten sich im März an. Zwar hatte Dönitz die ersten Boote des neuen großen Typs IX – *U 105* (Schewe), *U 106* (Oesten) und *U 124* (Schultz) – vor die westafrikanische Küste entsandt, wo sie in den friedlichen Gewässern vor Freetown erhebliche Erfolge erzielen. Der BdU war allerdings nicht ganz glücklich über diese auf höhere Anordnung gewählten fernen Angriffsgebiete; er hätte lieber im Nordatlantik noch mehr „Augen und Torpedorohre" konzentriert. Denn dort kündigten drei Vorfälle in schneller Abfolge die Götterdämmerung der U-Bootasse an.

Dönitz setzte seine Rudel im Seeraum südlich Island an, wo er die nächsten großen Geleitzüge erwartete. Er sollte recht behalten. Prien, wie immer im Zentrum der Geschehnisse, sichtete und meldete das westlaufende Geleit *OB 293.* Die anderen Boote liefen heran und schossen drei Schiffe heraus. Doch die Zerstörer und Korvetten waren ungewöhnlich aktiv. Das deutsche Boot *UA* (der ehemalige türkische Auftragsbau *Batiray*) wurde durch Wasserbomben so schwer beschädigt, daß Kapitänleutnant Eckermann die Feindfahrt sofort abbrechen und nach Lorient zurückkehren mußte. *U 70* unter Kapitänleutnant Joachim Matz wurde am 7. März durch zwei englische Korvetten vernichtet, der Kommandant und ein Teil der Besatzung gerieten in Kriegsgefangenschaft.

Prien hielt getaucht weiter Fühlung am Geleit *OB 293.* Am 7. März um 04.24 Uhr gab er zum letztenmal seine Position bekannt. Um Mitternacht desselben Tages stieß der englische Zerstörer *Wolverine* unter Lieutenant-Commander J.M. Rowland auf das alarmtauchende U-Boot und ließ ihm einen Wasserbombenteppich nachwerfen. Dabei wurde einer der U-Boot-Propeller so beschädigt, daß es den englischen Horchern ein leichtes war, diesen Kontakt nicht zu verlieren. Das nach mehreren Wasserbomben-Serien an die Oberfläche kommende Öl zeugte von deren Treffsicherheit. Schließlich sah Rowland orangefarbene Flammen aufbrechen, und der Horchkontakt verschwand. Es gab keine Überlebenden. Als die Leitstelle des BdU am nächsten Tag alle U-Boote zur Positionsmeldung aufrief, antwortete *U 47* nicht mehr. Eigens nochmals angerufen, kam wieder keine Antwort, und bald schwand jede Hoffnung. Den Nachruf für den „Stier von Scapa Flow“ schrieb Dönitz selbst. Obwohl das OKW den Tod Priens bis Mai geheimhielt, zeigte Dönitz durch diese Geste seine Hochachtung und persönliche Wertschätzung für einen seiner ältesten und erfolgreichsten Kommandanten.

Zum Zeitpunkt seines Todes stand Prien an zweiter Stelle der Liste der erfolgreichsten deutschen U-Bootkommandanten des Zweiten Weltkrieges. Er hatte 28 Schiffe mit 170 500 BRT versenkt und fünf weitere Schiffe mit 35 136 BRT beschädigt oder war an ihrer Versenkung mitbeteiligt, dicht gefolgt von Joachim Schepke, der als Kommandant von *U 3, U 19* und *U 100* 38 Schiffe mit 160 449 BRT versenkt hatte und bei drei weiteren Schiffen mit 15 111 BRT mitbeteiligt war. Absoluter Spitzenreiter war allerdings „Otto der Schweigsame“ (Kretschmer), der mit seiner Devise „Ein Torpedo – ein Schiff“ als Kommandant der Boote *U 23* und *U 99* 43 Handelsschiffe und einen Zerstörer mit 260 625 BRT versenkt hatte und an fünf weiteren mit 37 965 BRT mitbeteiligt war.

Kretschmer und Schepke waren auch in jenem Rudel, das den schnellen Konvoi *HX 112* angriff. In der Abenddämmerung des 16. März sichteten drei Zerstörer *U 100* am Horizont und liefen zum Angriff an. Durch diese Sicherungslücke konnte wiederum Kretschmer in das Geleit eindringen. Er ging sofort ans Werk und versenkte fünf Frachter. Deren Hilferufe und die Flammensäulen riefen die Zerstörer schleunigst zurück, Schepke bekam wiederum Luft und schloß sofort an den Geleitzug heran. Um 03.00 Uhr des 17. März wurde er südöstlich von Island abermals von Zerstörern angegriffen und mußte nach schweren Wasserbombenschäden auftauchen. Der Zerstörer *Vanoc* rammte das U-Boot, wobei Schepke auf der Brücke von *U 100* eingeklemmt wurde und kurze Zeit später ertrank.

Eine halbe Stunde später ortete der Zerstörer *Walker* mit seinem

Asdic *U 99*. Nach einem Wasserbomben-Teppich mußte das Boot an die Oberfläche und wurde beschossen. Kretschmer und ein Großteil seiner Besatzung konnten sich aus dem sinkenden Boot retten und wurden von der *Walker* aufgefischt.

Diese Verluste – darunter drei der erfolgreichsten und kühnsten Kommandanten – innerhalb eines Zeitraumes von etwas mehr als einer Woche waren ein schwerer Schlag für die deutsche U-Bootwaffe. Auch für Dönitz war es ein bitterer Schock, weil er immer sehr großen Wert auf den engen Kontakt zu seinen Offizieren gelegt hatte. Im Gesamtbild kündigte ihr Tod das Ende der U-Bootasse und den Übergang zu einer ausgeprägteren, unpersönlicheren Rudeltaktik an, die als einzige der erstarkenden britischen U-Bootabwehr gewachsen war und den brauchbarsten Weg für den zukünftigen U-Bootkrieg wies.

Die Ausdehnung des Operationsgebietes: Sommer 1941

In den Sommermonaten des Jahres 1941 wurden Dönitz' Anstrengungen oft durchkreuzt, weil ihm befohlen wurde, U-Boote aus dem Atlantik in andere Einsatzgebiete abzuziehen. Die Luftwaffe drängte für ihre langfristige Wettervorhersage auf die Abstellung von zwei Wetterbeobachtungsbooten. Da der BdU zu dieser Zeit überhaupt nur vier Boote am Feind stehen hatte, bedeutete das eine Halbierung seiner Streitmacht.

Nach dem Beginn des Rußlandfeldzuges mußte Dönitz bis zu sechs Atlantikboote abziehen und ins Eismeer verlegen, wo es – noch – keinen nennenswerten Geleitzugverkehr gab. Dort konnten die Boote ihre erprobten Angriffstechniken nicht verwenden, sondern nur eintönige Suchfahrten durchführen.

Darüber hinaus wurden die U-Boote für Geleitaufgaben herangezogen. Dönitz sah darin berechtigterweise eine fundamentale Fehleinschätzung der Fähigkeiten eines Unterseebootes durch die politische Führung, wenn seine Boote zum Geleit von Hilfskreuzern, Troßschiffen und gekaperten Prisen herangezogen wurden. U-Boote sind ihrem Wesen nach reine Angriffsmittel. Als Verteidigungsmittel gegen Luft- oder Seebedrohung sahen sie sich dagegen Sturzbombern oder Schiffen mit weitreichender Artillerie ausgesetzt, denen sie wegen ihrer schwachen Bewaffnung und Verletzbarkeit nicht gewachsen waren.

Die Erfahrung hatte hingegen gezeigt, daß selbst der Verlust eines einzigen Bootes eines weiträumigen Suchstreifens überproportional negative Auswirkungen nach sich zog. In diesem Zusammenhang muß man es noch als erschwerend ansehen, daß die Fernaufklärung mit den „*Condor*"-Maschinen der I./KG 40 nicht den Erwartungen entsprechend funktionierte. Nahm die Zahl der Atlantikboote ab, so sanken ihre Chancen, überhaupt einen Konvoi zu finden. Große Zahlen angreifender Boote führten zu einer Verzettelung der Abwehrkapazität der U-Jagdgruppen, geringe eigene Stärke wurde den Booten zum Verhängnis.

Schließlich waren auch noch sechs U-Boote durch die Straße von Gibraltar ins Mittelmeer eingedrungen, um die Dezimierung von Rommels Nachschub zu unterbinden. Die Royal Navy forderte von den italienischen Nachschubkonvois einen derart hohen Blutzoll, daß das deutsche Afrikakorps Gefahr lief, ohne Nachschub in der Wüste liegenzubleiben. So wurde in Salamis die 23. U-Flottille aufgestellt, in La Spezia und Pola die 29. U-Flottille.

Das Eintreffen der ersten Mittelmeerboote und deren Verstärkung um weitere vier Einheiten (Gruppe Arnauld: *U 81, U 205, U 431* und *U 565*) brachte schlagartig Erleichterung: Am 15. November torpedierte *U 81* (Guggenberger) den englischen Flugzeugträger *Ark Royal*, der trotz verzweifelter zwölfstündiger Rettungsversuche am nächsten Tag im Schlepp nach Gibraltar sank. Am 25. November torpedierte *U 331* (Kapitänleutnant Hans-Diedrich Freiherr von Tiesenhausen) vor Sollum das englische Schlachtschiff *Barham*, das nach einer Munitionsexplosion in die Luft flog. Einen Tag später versenkte *U 559* (Hans Heidtmann) vor Tobruk die Sloop *Parramatta*. Am 14. Dezember versenkte *U 557* (Ottokar Paulßen) vor Alexandria den bereits von deutschen Stukabomben angeschlagenen leichten Kreuzer *Galatea*. Und schließlich versenkte am 24. Dezember *U 568* (Preuß) vor Marsa Matruh die Korvette *Salvia*.

Die Verlegung einiger U-Boote ins Mittelmeer mag notwendig gewesen sein und führte auch zu ansehnlichen Erfolgen. Doch Hitlers Engagement auf dem südlichen Kriegsschauplatz und sein Unverständnis für ozeanische Kriegführung gipfelten Ende November in der Stationierung von zehn U-Booten im östlichen Mittelmeer und 15 weiteren in der unmittelbaren Umgebung von Gibraltar. Für die Alliierten führte das zu einer schlagartigen Entlastung der Schiffahrt im Atlantik, und sie reagierten schnell auf die Verlagerung der U-Boot-Kriegführung mit der Verstärkung ihrer dortigen Streitkräfte und dem forcierten Ausbau der Verteidigungsanlagen von Gibraltar.

Wegen der Landnähe waren die U-Boote gezwungen, die meiste Zeit getaucht zu operieren, um der starken Luft- und Seeüberwachung zu entgehen. Sie konnten nur mit ihren E-Maschinen im Fußgängertempo unter Wasser dahinkriechen, konnten nicht aktiv jagen und waren auf den schmalen Sichtbereich ihres Sehrohres beschränkt. Die starke Ost-West-Strömung in der Straße von Gibraltar bildete ein weiteres, für ein getauchtes U-Boot fast unüberwindliches Hindernis. Zwar konnten die Boote mit Hilfe dieser Meeresströmung leicht ins Mittelmeer eindringen – nachdem ihr massiertes Auftreten aber entdeckt worden war, konnten sie allerdings das Mittelmeer kaum mehr verlassen. Nur mühsam konnten sie unter Wasser gegen die Strömung vorankommen, und die lange Dauer ihrer Durchbrüche gab den alliierten U-Jagdgruppen genügend Zeit zur Ortung und zum Angriff. Sie mußten dann umkehren und ständig im Mittelmeer bleiben. Nach Dönitz' eigenen Worten „gefangen in einer Mausefalle".

Diese unkompetente Einmischung in Angelegenheiten der U-Boot-Kriegführung führte zu einer Verzettelung der Kräfte, die nicht zuletzt eine der Ursachen für den folgenden drastischen Erfolgsrückgang war. Eine andere, schwerwiegendere Ursache war die Erbeutung von zwei deutschen U-Booten durch englische U-Jagdgruppen, bei der ihnen wichtiges deutsches Schlüssel- und Geheimmaterial in die Hände fiel.

U 110 (Lemp) wurde am 10. Mai von dem Zerstörer *Walker* schwer beschädigt zum Auftauchen gezwungen. Die Besatzung war der Meinung, alles getan zu haben, daß das Boot in kurzer Zeit sinken würde und ging über Bord. Dem war nicht so, und ein britisches Enterkommando ging an Bord, was der inzwischen geretteten Besatzung aber verborgen blieb. Dort bargen die Engländer unter anderem die komplette Schlüsselmaschine M (die Marineversion der von der deutschen Wehrmacht benützten Schlüsselmaschine Enigma-I), die meisten Schlüsselunterlagen und vieles andere interessante Material. Es wurde versucht, das Boot nach Reykjavik einzuschleppen, aber es versank einen Tag später.

Die Engländer hatten zwar schon seit Kriegsbeginn eine von den Polen nachgebaute Enigma-Maschine in ihrem Besitz, konnten wegen der fehlenden Einstellungen aber nicht sonderlich viel damit anfangen. Die britischen „Codeknacker" in Bletchley Park gingen fieberhaft ans Werk und konnten ab 1. Juni den für die U-Boote geltenden Funkschlüssel „Hydra" zeitgleich mitlesen und den „Submarine Tracking Room" durch einen Strom entschlüsselter Meldungen mit einem exakten Lagebild versorgen.

Das zweite U-Boot, das unversehrt in britische Hände fiel, war *U 570* (Hans Joachim Rahmlow), das von einer „Hudson" gebombt wurde und dann intakt von einem Zerstörer eingeschleppt werden konnte. Zwar waren diesmal alle Geheimsachen vernichtet worden, doch fiel den Engländern immer noch genügend Interessantes in die Hände, um die nach der Erbeutung von *U 110* noch gebliebenen Wissenslücken schließen zu können. *U 570* wurde als *Graph* in die Royal Navy eingereiht, Pläne, das Boot als Lockvogel für seine Artgenossen zu verwenden, wurden aber angesichts der Gefahr durch die eigenen U-Jagdverbände wieder verworfen. Das Boot forderte übrigens auch noch nach seiner Kaperung ein Todesopfer unter der überlebenden deutschen Besatzung. Der ehemalige Erste Wachoffizier des Bootes wurde von einem Ehrengericht im Gefangenenlager wegen „Feigheit vor dem Feind" zum Tode verurteilt. Der Offizier wollte sich rehabilitieren und brach aus dem Lager aus, um die *Graph* auf ihrem neuen Liegeplatz in Barrow nachträglich zu versenken. Beim Ausbruch wurde er von Wachtposten erschossen.

Jedenfalls konnten die englischen U-Bootabwehrspezialisten bereits ab Juli darangehen, die Geleitzüge um die erkannten deutschen U-Boote herumzuleiten. Die Erfolgsziffern spiegeln das recht deutlich wider. Die Monate Mai und Juni 1941 waren recht erfolgreich: Die Deutschen versenkten 59 Schiffe mit 337185 BRT, die Italiener vier Schiffe mit 24178 BRT (Mai) und 59 Schiffe mit 301636 BRT sowie sechs Schiffe mit 20976 BRT (Juni). Dem folgten zwei „magere" Monate: Im Juli versenkten deutsche U-Boote 17 Schiffe mit 61469 BRT und italienische Boote sechs Schiffe mit 34937 BRT.

Natürlich blieb das Dönitz nicht verborgen, und er zog seine Schlüsse. Der BdU vermutete, daß die Schuld an den geringen Erfolgen nicht bei den wenigen U-Booten lag, sondern auf eine Verlegung der alliierten Geleitzugrouten weiter nach Norden zurückzuführen war. Dönitz verlegte seine Rudel in den Seeraum südlich von Island und erzielte einen nochmaligen Erfolg, der allerdings nicht von Dauer sein sollte. Am 9. September wurde der langsame West-Ost-Konvoi *SC 42*, der aus Halifax kam, unweit der Ostküste von Grönland gesichtet. Er bestand aus 64 Schiffen mit über einer halben Million Tonnen Ladung. So genau wußten das die U-Boote natürlich nicht, doch ein 64-Schiff-Geleit war nach den Rückschlägen der letzten Wochen das richtige Ziel. Die Funksignale im Äther wurden von beiden Seiten sorgfältig ausgewertet, die Marschroute des Geleitzuges wurde noch weiter nördlich verlegt, doch den 14 Booten der Gruppe „Markgraf" konnte nicht mehr ausgewichen werden.

Bereits am Morgen des 9. September war sich der Kapitän eines Frachters, der ungeschickt den Anschluß verloren hatte, schlagartig der Gefahr seiner Lage bewußt geworden. Er hatte das Periskop eines U-Bootes gesichtet, das aus der Tiefe emporgekommen war, um sich Überblick zu verschaffen.

In der gleichen Nacht, kurz nach Mondaufgang um 21.30 Uhr waren die fünf Boote *U 81* (Guggenberger), *U 82* (Siegfried Rollmann), *U 85* (Eberhard Greger), *U 432* (Schultze) und *U 652* (Georg-Werner Fraatz) in voller Aktion, manche waren schon bis in den Geleitzug hinein vorgedrungen. Noch vor Mitternacht hatten sie acht Schiffe versenkt. Der Geleitschutz bestand aus drei kanadischen Korvetten und einem Zerstörer, die den Angreifern hoffnungslos unterlegen waren. Trotzdem versenkten am nächsten Tag zwei Korvetten *U 501* (Hugo Förster) durch Artilleriefeuer. Am Abend des 11. September erschienen in kurzer Zeit sechs weitere Boote auf der Bildfläche: *U 84* (Horst Uphoff), *U 89* (Gysae), *U 105* (Schewe), *U 207* (Fritz Meyer) und *U 433* (Hans Ey). Bald waren sieben weitere Frachter versenkt, doch die Hilferufe des Geleitzuges hatten zum Eintreffen von zwei weiteren Korvetten geführt. Das bedeutete keine allzugroße Verstärkung, denn eine der bereits am Geleit hängenden Korvetten war mit einem beschädigten Tanker im Schlepp nach Island abgedreht. Am nächsten Morgen traf weitere Verstärkung ein, darunter zwei Zerstörer. Diese beiden, *Veteran* und *Wilmington*, versenkten dann noch *U 207* (Fritz Meyer).

Die Erfolge auf der Nordroute blieben nicht die einzigen; der Geleitzug *SC 44* verlor vier Schiffe und einen Bewacher. Das aus Gibraltar kommende Geleit *OG 74* verlor fünf Schiffe, das Sierra-Leone-Geleit *SL 87* verlor sieben Schiffe. Das aus Gibraltar kommende Geleit *HG 73* wurde von deutschen Fernaufklärern erfaßt und „gerupft", aber auch die herbeigerufenen U-Boote kamen zum Schuß und versenkten elf Schiffe.

Insgesamt versenkten die deutschen U-Boote im September 55 Schiffe mit 212 614 BRT, die Italiener erzielten keinen Erfolg.

Für den Rest des Jahres trat eine Beruhigung des U-Boot-Krieges ein, viele Boote wurden aus dem Nordatlantik abgezogen, die restlichen hatten wenig Glück und versenkten im Oktober 37 Schiffe mit 168 060 BRT. Der November brachte einen Rückgang auf die Juli-Marke: 14 Schiffe mit 68 549 BRT.

Zu dieser Beruhigung trug vielleicht auch eine britische Neuentwicklung bei: Um die fehlende Luftsicherung einigermaßen herzustellen, wurden einige Frachter mit einem Katapult ausgestattet. Diese CAM-Schiffe (Catapult Aircraft Merchantmen) verfügten allerdings nur über einen einzigen „Hurricane"-Jäger, der nach

Ende seiner Flugzeit wassern mußte. Der Pilot hatte nur die Chance, vorher mit dem Fallschirm möglichst nahe bei einem Schiff abzuspringen und sich auffischen zu lassen. Meistens gelang dies auch.

Die schlechten Versenkungserfolge im November wurden von deutschen Schiffsverlusten überschattet. Der deutsche Hilfskreuzer *Atlantis (HSK 2)* sollte nach einer erfolgreichen 21monatigen Kaperfahrt, bei der ihm im Atlantik, Pazifik und Indischen Ozean 22 Schiffe mit 146 968 BRT zum Opfer gefallen waren, im Südatlantik deutsche U-Boote mit Öl versorgen. Am 22. November traf er in der Nähe von Ascension *U 126* (Bauer) zur Versorgung. Da die Engländer inzwischen den deutschen Funkcode entschlüsseln konnten, erschien auch der schwere Kreuzer *Devonshire* pünktlich zum Stelldichein und versenkte die *Atlantis*. Wegen der Anwesenheit des U-Bootes kümmerte sich die *Devonshire* nicht um die über dreihundert Schiffbrüchigen. *U 126* nahm darauf die Rettungsboote mit den Überlebenden – darunter den Hilfskreuzerkommandanten – in Schlepp.

Die SKL beorderte das Versorgungsschiff *Python* an den Ort des Geschehens, und am 25. November gingen die Geretteten bei ihr an Bord. Doch am 1. Dezember war die *Devonshire* wieder zur Stelle, und die *Python* mußte sich eilends selbst versenken. Die vier in diesem Seeraum stehenden U-Boote *U A* (Eckermann), *U 68* (Merten), *U 124* (Johann Mohr) und *U 129* (Clausen) nahmen 414 Schiffbrüchige der beiden deutschen Schiffe an Bord und traten die Heimreise über den Äquator an. Wegen der qualvollen Enge an Bord der U-Boote wurden in der Nähe der Kapverden jeweils 60 bis 70 Mann an vier geräumigere italienische U-Boote übergeben. Im Laufe des Januars 1942 trafen dann alle Überlebenden nach einer Odyssee über 5 000 Seemeilen wohlbehalten in den Atlantikstützpunkten ein.

Im Dezember 1941 standen zwölf deutsche U-Boote im Seeraum vor Gibraltar und 15 weitere im Nordatlantik. Unter diesen Umständen überrascht es nicht, daß in diesem Kampfraum nur 13

Schiffe mit 69 147 BRT versenkt wurden. Der Geleitschutz der Gibraltar-Konvois wurde immer stärker, und der englische Geleit-Flugzeugträger *Audacity* (das umgebaute erbeutete deutsche Handelsschiff *Hannover*) begann mit der U-Boot-Jagd. Am 14. Dezember verließ der Geleitzug *HG 76* mit besonders starker Dekkung Gibraltar. Außer dem Geleitträger *Audacity* waren noch drei Zerstörer, sieben Korvetten und zwei Sloops aufgeboten. Alle standen unter dem Kommando des U-Jagdspezialisten Commander F. J. Walker auf der Sloop *Stork*, der bald zu einem der gefürchtetsten und berühmtesten U-Bootkiller werden sollte. Sofort nach dem Auslaufen setzten die Angriffe ein. Zuerst wurden zwei U-Boote, die durch die Meerenge von Gibraltar brechen wollten, aus der Luft angegriffen. Am nächsten Tag, dem 15. Dezember, wurde *U 127* (Bruno Hansmann) vom Zerstörer *Nestor* versenkt. Am 16. hatten neun U-Boote an das Geleit herangeschlossen und griffen trotz der dauernden Luftsicherung in den nächsten Tagen und Nächten ausdauernd an. Am 17. verließ der Konvoi den Bereich der von Gibraltar aus operierenden Luftsicherung, war aber noch nicht im Bereich der englischen Luftsicherung.

Nun hatten Walkers U-Jäger die volle Last der Abwehr zu tragen, und sie entledigten sich dieser Aufgabe glänzend. Am 17. Dezember fiel den vier „Martlett"-Jägern der *Audacity* und Walkers U-Jägern *U 131* (Arend Baumann) zum Opfer, am 18. wurde *U 434* (Wolfgang Heyda) versenkt. Am nächsten Tag versenkte Walker mit seiner *Stork* *U 574* (Dietrich Gengelbach). Am 21. traf die deutsche U-Bootwaffe wieder ein besonders schmerzlicher Verlust: *U 567* unter Ritterkreuzträger Kapitänleutnant Engelbert Endrass wurde ein Totalverlust; damit war eines der letzten überlebenden legendären U-Bootasse gefallen.

Die U-Boote ihrerseits revanchierten sich mit der Versenkung des Geleitträgers *Audacity* (durch *U 751*/Gerhard Bigalk) und des Zerstörers *Stanley* (durch *U 574*/Gengelbach), es gelang ihnen aber nur, vier Frachter dieses Geleitzuges zu versenken. Verglichen mit den fünf eigenen Verlusten war dies ein teuer erkaufter

Erfolg. Ab 23. November befand sich der Geleitzug dann bereits im Bereich der britischen Luftsicherung, die U-Boote wurden unter Wasser gedrückt, und Dönitz blieb nichts anderes, als die Angriffe abzublasen.

Nach diesem ernsten Rückschlag war er gezwungen, die Rolle der U-Bootwaffe im Licht der neuentwickelten alliierten Abwehrtechniken sorgfältig neu zu überdenken. Unbeirrbar verwarf er die Einzelaktion als mögliche Form des zukünftigen U-Bootkrieges. Er war nach wie vor der Überzeugung, daß die Bekämpfung der Geleitzüge der sinnvollere Einsatz der Kräfte sei. Allerdings war der Geleitzug *HG 76* besonders stark geschützt gewesen und hatte sich guten Reisewetters erfreut. Und ruhige See war immer schon ein taktischer Nachteil für mögliche U-Boot-Angriffe gewesen.

Auch in der nächsten Zukunft wollte Dönitz seine Wolfsrudel in weiträumigen Streifen auf die Suche nach den alliierten Geleitzügen schicken. Doch dann ereignete sich im Dezember ein Vorfall, der in der Folge noch großen Einfluß auf den U-Bootkrieg haben sollte. Am 7. Dezember 1941 hatte die japanische Marineluftwaffe den US-Flottenstützpunkt Pearl Harbour ohne Warnung angegriffen und große Teile der US-Pazifikflotte zerstört.

Als Bündnispartner Japans erklärte das Deutsche Reich am 11. Dezember 1941 den USA den Krieg, und für die deutschen U-Boote eröffnete sich sogleich ein weites Betätigungsfeld.

Der Paukenschlag vor Amerikas Ostküste: Januar bis Juli 1942

Die formelle Kriegserklärung an die Vereinigten Staaten führte zu keinen plötzlichen Gegensätzen, die ohnehin nicht schon existiert hätten.

Für das Oberkommando der deutschen Wehrmacht kam der japanische Überfall auf Pearl Harbour, der dann die deutsche Kriegserklärung beschleunigte, völlig überraschend. Doch wie in weltweiten militärischen Auseinandersetzungen nicht unüblich, hatten die Vorfälle der vorhergehenden Monate die USA bereits unlösbar in den Konflikt verstrickt.

Bereits lange vor Kriegsausbruch hatte die US-Regierung der englischen große Mengen an Rüstungsmaterial zur Verfügung gestellt. Nach 1937 waren der Waffenexport und die Kreditgewährung an kriegführende Länder durch das amerikanische Neutralitätsgesetz verboten. Doch der Wunsch nach Neutralität hielt nicht lange, und dieses Gesetz wurde im November 1939 aufgehoben. An seiner Stelle wurde das „Cash und carry"-System eingeführt, nach dessen Bestimmungen jeder Kriegführende kaufen konnte, was er brauchte, er mußte nur sofort bezahlen und die Ware mit eigenen Schiffen abtransportieren. Nach außen hin war alles fair, in Wirklichkeit begünstigte das Gesetz aber nur die Alliierten, weil sie ja die Seeherrschaft innehatten. Für die Deutschen war diese Möglichkeit bedeutungslos, weil sie seit Kriegsausbruch im Herbst 1939 keinen Überseehandelsverkehr mehr abwickeln konnten.

Präsident Roosevelt erklärte im Juli 1940 seine Absicht, Eng-

Schwimmerflugzeug *Arado AR 196* einer Seefliegerstaffel überfliegt ein U-Boot.

Glückliche Heimkehr nach erfolgreicher Feindfahrt.

Unten: Die Heimat naht. Einer der wenigen „ungerupften“ Geleitzüge des „blutigen Sommers“.

Zwei deutsche U-Boot-Asse. Links: Otto Kretschmer, der in Kriegsgefangenschaft geriet. Rechts: Joachim Schepke, der bei der Versenkung seines Bootes ertrank.

Der „Löwe" bei der Ordensverleihung.

Rechts: Ein kanadischer Zerstörer fischt Überlebende auf.

Vernichtung für das verborgene U-Boot. Explosion einer Wasserbombe.

land kurzfristig alle Hilfe zu gewähren. Noch im gleichen Monat wurde der Tausch von 50 alten, aus dem Ersten Weltkrieg stammenden Zerstörern gegen Stützpunktrechte („Destroyer-Naval Base Deal") perfekt. Selbst Churchill gab zu, daß diese Verstärkung der britischen U-Jagdkapazität im direkten Gegensatz zur US-Neutraltität stand und den Deutschen das Recht zur Kriegserklärung gegeben hätte.

Die Vorstellung von Neutralität wurde durch das Eintreffen einer US-Marinedelegation in London nicht gerade bestärkt. Die Mission bestand aus Admiral R. L. Ghormley und einigen seiner fähigsten Stabsoffiziere.

Ihre Aufgabe war es, einen Einblick in die mehr als einjährige englische Seekriegserfahrung zu bekommen, und die Engländer waren mehr als froh darüber, die USA auf diese Weise in den Krieg zu ziehen. Die US-Mission erfuhr sehr viel über die britischen Theorien und Methoden. Außerdem erhielt sie Einblick in die neueste Radarentwicklung, und Admiral Ghormley konnte nach Hause melden, daß er Informationen von unbezahlbarem Wert für die Landesverteidigung erhalten habe.

Auch Präsident Roosevelts Politik bezüglich der Schiffahrtsfrage war nicht darauf angelegt, Deutschland, trotz dessen gegenteiliger Illusionen, über einen zukünftigen Kriegseintritt auf seiten der Alliierten im unklaren zu lassen.

Im September 1939, unmittelbar nach der britischen Kriegserklärung, hatte Roosevelt eine breite Sicherheitszone vor der amerikanischen Küste proklamiert. Zusätzlich hatte er Neutralitätspatrouillen durch US-Kriegsschiffe außerhalb dieser Sicherheitszone angeordnet. Trotz ihrer offiziellen Neutralität haben jedoch US-Kriegsschiffe von allem Anfang an die Positionen der deutschen Handelsschiffe den Engländern mitgeteilt. Im Februar 1941 wurde die Sicherheitszone bis zum 26. Längengrad West ausgeweitet, bis 740 Seemeilen vor die europäische Küste. In Übereinstimmung mit der Besetzunug von Island durch US-Truppen erfolgte im Juli eine weitere Ausdehnung auf 22 Grad West.

Hitler trachtete währenddessen alle Zwischenfälle nach Möglichkeit zu vermeiden, die zum Ausbruch von Feindseligkeiten mit einem so starken Gegner führen könnten. Im September 1939 befahl er der SKL, alle Zwischenfälle mit US-Schiffen zu vermeiden. Dieser Befehl war von der deutschen Kriegsmarine nicht leicht zu befolgen, obwohl die Amerikaner bis zum Sommer 1941 den U-Booten die Aufgabe, vor einem Angriff zwischen Feind und Neutralen zu unterscheiden, insofern erleichterten, als sie das Blockadegebiet, in dem die deutschen U-Boote operierten, nicht befuhren. Dann tauchte am 20. Juni 1941 das US-Schlachtschiff *Texas* in diesem Gebiet auf, wurde von *U 203* (Mützelburg) gesichtet und angegriffen. Doch glücklicherweise gingen die Torpedos daneben, und das U-Boot blieb unentdeckt.

In Befolgung des Führerbefehls hatte der BdU seinen Booten befohlen, vor jedem Angriff das Ziel als eindeutig feindlich zu identifizieren. In diesem Sinn bedeutete das Auftauchen der *Texas* im Blockadegebiet den perfekten Schutz aller britischen Kriegsschiffe, denn bis der U-Bootkommandant nahe genug herangekommen war, um sein Ziel eindeutig zu identifizieren, sah er sich auch schon meist entdeckt und angegriffen. Später wurde es den Kommandanten immerhin gestattet, sich gegen Angriffe zur Wehr zu setzen. War der Angreifer abgeschüttelt, war es ihnen aber nicht gestattet, nochmals anzugreifen. Den U-Booten waren bei ihren Kreuzfahrten derart die Hände gebunden, daß sie kaum effektiv operieren konnten.

Freilich ließen sich in dieser gespannten Atmosphäre Zwischenfälle nicht ganz vermeiden. Am Morgen des 4. September 1941 war es der US-Zerstörer *Greer*, der als erstes US-Kriegsschiff ein deutsches U-Boot artilleristisch angriff. Nachdem *U 652* (Fraatz) durch ein englisches Flugzeug südwestlich Islands im Marinequadrat AD 8526 entdeckt worden war, wurde es von *Greer* weiter beschattet, mit Asdic geortet und seine Position laufend bekanntgegeben. Daraufhin erschien ein weiteres englisches Flugzeug auf der Bildfläche und warf vier Wabos.

Fraatz glaubte sich von dem US-Zerstörer angegriffen und verteidigte sich seinen Befehlen gemäß, zwei Stunden später schoß er einen Torpedo auf die *Greer* ab, der aber danebenging. Auch der folgende Gegenangriff des Zerstörers blieb ohne Wirkung. Kurze Zeit später ging der Horchkontakt verloren, und beide Schiffe gingen ihrer Wege. Obwohl es kein Blutvergießen gegeben hatte, brachte der Angriff auf den Zerstörer die Stimmung in den USA zum Kochen. Am 15. September 1941 gab der amerikanische Marineminister Knox bekannt, daß die US-Navy angewiesen worden war, alle deutschen Handelszerstörer aufzubringen oder zu vernichten, da sie als Piraten anzusehen seien. Von diesem Zeitpunkt an herrschte zwischen dem Deutschen Reich und den Vereinigten Staaten eine Art „unerklärter Krieg".

Ab September 1941 übernahmen US-Kriegsschiffe den Geleitschutz für Konvois zwischen Neufundland und Island mit der Begründung, daß der Schiffsverkehr zwischen den US-Stützpunkten gesichert werden müsse.

Trotz heftiger Einwände von Großadmiral Raeder blieb Hitler unerschütterlich in seiner Haltung den USA gegenüber und lehnte es ab, den Befehl zu widerrufen, daß sich U-Boote nur im Falle eines direkten Angriffs verteidigen durften.

Dieser „unerklärte Krieg" konnte nicht ohne Zwischenfälle bleiben, als US-Kriegsschiffe Geleitzüge bis weit jenseits Neufundland begleiteten. Am 17. Oktober griff *U 568* (Preuß) das Geleit *SC 48* an und torpedierte den US-Zerstörer *Kearney*. Die Kearney konnte eingeschleppt werden, doch bei einem ähnlichen Angriff auf den Konvoi *HX 156* wurde am 31. Oktober der US-Zerstörer *Reuben James* durch *U 552* (Topp) versenkt - der erste US-Verlust in der Schlacht im Atlantik.

Unter diesen Umständen nimmt es nicht wunder, daß nach dem Ausbruch der Feindseligkeiten zwischen Japan und den USA Hitler schließlich am 9. Dezember 1941 alle Beschränkungen des U-Bootkrieges gegenüber der US-Schiffahrt aufhob und zwei Tage später den Krieg erklärte. Dieser Krieg mit den USA entwickelte sich so als Konsequenz der Ereignisse, seine offizielle Erklärung war dann nur noch eine Formsache.

Nach dem Abflauen des U-Bootkrieges im Nordatlantik war die Möglichkeit des Angriffes auf US-Schiffe in amerikanischen Gewässern eine einladende Gelegenheit für Dönitz und seine U-Bootkommandanten. Die Amerikaner hatten trotz des vorangegangenen Erfahrungsaustausches mit den Engländern keinerlei Erfahrung in der Bekämpfung von U-Bootrudeln. Bis sie ihre Abwehr organisiert und die Küstenschiffahrt zu Geleitzügen mit See- und Luftsicherung zusammengefaßt hatten, vergingen einige Wochen, in denen es im Westatlantik von lohnenden Zielen nur so wimmelte. Dönitz schlug die sofortige Entsendung von zwölf vor Gibraltar operierenden Booten vor, darunter sechs große Boote vom Typ IX C, die auf Grund ihrer größeren Treibstoff- und Torpedokapazität für solche Fernoperationen besonders geeignet waren. Dönitz hatte sich inzwischen daran gewöhnt, daß seine Wünsche abgeschlagen wurden, und auch dies sollte keine Ausnahme bleiben.

Zwischen dem 16. und dem 25. Dezember liefen die sechs U-Boote *U 66* (Zapp), *U 82* (Siegfried Rollmann), *U 109* (Bleichrodt), *U 123* (Hardegen), *U 125* (Ulrich Folkers) und *U 130* (Kals) aus dem Stützpunkt Lorient aus, um den ersten Schlag gegen die US-Schiffahrt zu führen, das Unternehmen „Paukenschlag“.

Die sechs Kommandanten waren guter Dinge und trafen Mitte Januar in ihrem Operationsgebiet ein, dem Seeraum zwischen dem St.-Lorenz-Strom und Kap Hatteras. Ihr Optimismus war berechtigt, denn die Amerikaner hatten weniger Gegenmaßnahmen als befürchtet ergriffen. Die Küstenstädte waren hell erleuchtet, Leuchttürme und Bojen boten unschätzbare Navigationshilfe. Handelsschiffe funkten offen auf der 600-Meter-Welle über alles mögliche, einschließlich ihrer Standorte, die Verteidigungseinheiten teilten sich Fahrpläne der Zerstörer, Einzelheiten der Luftüberwachung und angelaufene Rettungsaktionen mit. Die U-Bootfahrer hörten das alles mit und nutzten es hervorragend. Tagsüber lagen die U-Boote in einiger Entfernung der Schiffahrtswege still auf dem Grund. Nachts kamen sie aufgetaucht zur Küste und trugen das Grauen unter die Handelsschiffe.

Bevor die sechs Boote ihr Operationsgebiet wieder verlassen mußten, erzielten sie Versenkungserfolge, wie man sie seit dem „blutigen Sommer“ 1940 nicht mehr registriert hatte: *U 123* (Hardegen) versenkte neun Schiffe mit 53 263 BRT, *U 130* (Kals) vier Schiffe mit 29 984 BRT und *U 66* (Zapp) vier Schiffe mit 26 821 BRT plus den von den anderen Booten erzielten Versenkungen und einigen Beschädigungen, die eingebracht werden konnten.

Kapitänleutnant Hardegen vermerkte in seinem Kriegstagebuch, wie schade es sei, daß hier nicht mehr U-Boote stünden: „Wenn es doch bloß zehn oder zwanzig Boote wären, ich bin sicher, sie hätten alle vollen Erfolg gehabt.“

Bis Ende Januar 1942 versenkten deutsche U-Boote im Atlantik 55 alliierte Schiffe mit 288 976 BRT, die Hälfte davon in amerikanischen Gewässern. Der traurigste Verlust war die Versenkung des deutschen Sperrbrechers *Spreewald* durch *U 333* (Cremer) am 31. Januar. Als sich die Meldungen über die Erfolge und das anhaltende Jagdglück in den Stützpunkten verbreiteten, erreichte die Kampfbegeisterung auf den auslaufenden Booten neue Höhen. Die U-Bootfahrer entdeckten zu ihrem Erstaunen, daß selbst die mittleren Boote dazu fähig waren, den Atlantik zu überqueren, und ihnen noch genügend Treibstoff für mehrwöchige Operationen blieb. Auch fanden sie heraus, daß es mehr brachte, Sturm und schweren Seegang zu untertauchen, anstatt unnötig viel Treibstoff für das Ankämpfen gegen die See zu verbrauchen.

Natürlich befahl Dönitz nun alle verfügbaren Boote zur Ausrüstung in die französischen Stützpunkte und sandte sie, so schnell es die ökonomische Geschwindigkeit zuließ, an die amerikanische Ostküste. Dann erhielt er am 22. Januar einen Befehl, der diese Einsatzgruppe beträchtlich beschnitt. Es scheint, daß Hitler eine seiner „Eingebungen“ gehabt hatte. Norwegen war nach seiner

Überzeugung „die Schicksalszone", und die Alliierten würden demnächst dort landen. Alle verfügbaren Boote sollten sich im Seeraum zwischen Island, den Faröer Inseln und Schottland versammeln, um diese befürchtete Invasion zu bekämpfen. Doch anscheinend war diese Eingebung schwächer als manche anderen, und er widerrief diesen Befehl am 23. Es scheint, daß Hitler über die Versenkungserfolge vor Amerika außerordentlich befriedigt war, denn er befahl die Fortsetzung der Aktionen durch die dort bereits anwesenden Boote. Die entstandene Verwirrung wurde am 6. Februar durch einen besonderen Befehl geklärt, der zwölf Boote in norwegische Gewässer beziehungsweise in dortige Häfen und weitere acht ins Seegebiet zwischen Island und den Hebriden befahl. Am 15. Februar setzte ein Befehl zur Verlegung weiterer 20 U-Boote in den Nordraum Dönitz' Plänen über eine Wiederaufnahme der Schlacht im Atlantik ein Ende.

Da ihm für Operationen vor der US-Küste nur durchschnittlich zwölf U-Boote verblieben, waren deren Erfolge um so erstaunlicher. Der ersten „Paukenschlag"-Welle von sechs Booten folgte eine weitere von fünf großen Booten zum Einsatz in der Karibik. Das Datum für das erste Losschlagen wurde sorgfältig auf die Neumondphase am 16. Februar festgelegt. Die Boote hatten direkten Befehl von Raeder, nicht nur die Schiffahrt anzugreifen, sondern auch die nahe der Küste stehenden Öltanks der Raffinerien von Aruba und Curaçao zu beschießen. Die Erfolge setzten sofort ein: Kapitänleutnant Hartenstein (*U 156)* torpedierte vor San Nicholas zwei Dampfer. Dann entschloß er sich zur Küstenbeschießung - Dönitz hatte übrigens für diese Idee nie viel übrig gehabt. Doch bereits der erste Schuß des deutschen U-Bootes war ein Rohrkrepierer, weil man vergessen hatte, die Mündungskappe abzunehmen. Das traurige Ereignis forderte einen Toten und einen Schwerverletzten. In mühevoller Arbeit ließ Hartenstein die geborstene Rohrmündung absägen und das Geschütz wieder brauchbar machen. Abermals eröffnete er die Küstenbeschießung, doch die Küstenabwehr hatte sich von ihrer Überraschung erholt und erwiderte das Feuer, worauf Hartenstein den Angriff abbrechen mußte. Raeder bestand auf der größtmöglichen Schädigung der alliierten Ölversorgung und befahl eine neuerliche Beschießung in der nächsten Nacht. Doch die Küstenverteidigung war gewarnt, die ganze Küste verdunkelt. Die U-Boote konnten ihre Ziele nicht ausmachen, und die Idee wurde fallen gelassen.

Die U-Boote wandten sich wieder ihrer ursprünglichen Aufgabe zu und erzielten schnell Erfolge. Kapitänleutnant Albrecht Achilles drang mit *U 161* bis in die Häfen von Port of Spain/Trinidad und Port Castries/Santa Lucia vor und versenkte einige vor Anker liegende Schiffe.

Kapitänleutnant Bauer traf mit *U 126* als sechstem Boot der zweiten Welle Anfang März in der Karibik ein und versenkte binnen zwei Wochen sieben Schiffe mit 32961 BRT und beschädigte zwei weitere mit 15907 BRT. *U 504* (Poske) operierte vor Florida und schoß am 22. Februar einen 10000-Tonner an. Am nächsten Tag meldete er die Versenkung eines Viermasters und eines Tankers in der vorhergehenden Nacht und die Versenkung eines weiteren Tankers im Überwasser-Tagangriff. Drei Tage später entwischte er einem Zerstörer und versenkte ein Schiff mit einer Kfz-Decksladung.

Abgesehen von einer kleineren Kampfgruppe vor Freetown/Sierra Leone – ein Versuch, die Alliierten davon abzuhalten, zu viele U-Jagdverbände im Westatlantik zu konzentrieren – sandte Dönitz weiterhin alle verfügbaren U-Boote in die amerikanischen Gewässer. Allerdings waren es nie allzu viele, denn das OKW teilte nicht die Meinung des BdU über die Notwendigkeit einer konzertierten Aktion gegen die dortige Handelsschiffahrt. Daher befanden sich nie mehr als acht U-Boote gleichzeitig in diesem Operationsgebiet. Ein Glück für die Alliierten angesichts des Aufruhrs, den schon diese Handvoll Boote verursachten. März und April 1942 wurden die erfolgreichsten Monate, in denen überwiegend Einzelfahrer kühnen Angriffen zum Opfer fielen. Es war die Morgendämmerung einer neuen Generation von U-Bootassen, ähnlich jener, die vor dem Einsetzen der Rudelschlachten im Nordatlantik operiert hatte.

Bei ihren Angriffen dicht unter der Küste operierten die U-Boote manchmal mit nur zehn Meter Wasser unter dem Kiel, einem angreifenden Zerstörer wären sie hilflos ausgeliefert gewesen. Zwischen Mitte März und Ende April versenkten: *U 552* (Topp) sieben Schiffe mit 45731 BRT, *U 123* (Hardegen) acht Schiffe mit 39917 BRT, *U 160* (Lassen) fünf Schiffe mit 36731 BRT und *U 124* (Mohr) sechs Schiffe mit 34839 BRT.

Kein Wunder, daß die U-Bootfahrer die ersten Monate des Jahres 1942 als „glückhafte Zeit“ bezeichneten. Sie sprachen auch vom „fröhlichen Schlachten“ oder von der „amerikanischen Jagdzeit“, und alle Bezeichnungen trafen zu. Der Hauptfaktor, warum die U-Boote trotz ihrer zahlenmäßigen Schwäche nicht noch mehr versenkten, war der begrenzte Treibstoffvorrat, der trotz der Bereitschaft der Besatzungen, auf Süßwasser weitgehend zu verzichten, die Operationszeit begrenzte.

Zur Lösung dieses Problems wurden die U-Tanker des Typs XIV gebaut. Diese 1688–1932 Tonnen großen Boote waren reine Versorger ohne eigene Torpedobewaffnung, die 432 Tonnen Dieselöl mitführten. Wenn die Karibik-Boote zum Beispiel 50 Tonnen nachbunkerten, konnten sie bis in die entferntesten Winkel vorstoßen oder extrem lange operieren. Doch die „Milchkühe“, wie sie von den U-Bootfahrern sogleich bezeichnet wurden, stellten erst langsam in Dienst, *U 459* als erstes im April. Am 22. April führte es seine erste Bunkerung mit *U 108* (Scholz) durch.

In dieser Zeit wurden die amerikanischen U-Jagdtechniken zur Befriedigung der Engländer langsam besser. Denn anfangs mußten sie die bittere Erfahrung machen, daß viele ihrer Handelsschiffe im Bereich des schlechtorganisierten US-Geleitschutzes verlorengingen, nachdem man sie glücklich über den ganzen Atlantik gebracht hatte. Am 14. April erzielte der US-Zerstörer *Roper* den ersten U-Jagderfolg seines Landes mit der Versenkung von *U 85* (Greger) nach einem erbitterten Duell. Binnen kurzem waren die

U-Boote aus den seichten Küstengewässern verdrängt, in denen sie so leichte Erfolge errungen hatten. Lediglich Anfang Mai wurden vor der Küste von Florida von drei deutschen Booten trotz starker See- und Luftüberwachung insgesamt zehn Schiffe versenkt.

Weiter südlich, in der Karibik, hielt das Jagdglück der U-Boote bis zum Mai an, da sich die Verteidiger immer noch nicht ernstlich mit der Zusammenstellung von Geleitzügen und mit U-Bootabwehrmaßnahmen beschäftigt hatten. Anscheinend hatten sie in einer derartigen Entfernung von den Biskaya-Stützpunkten nicht mehr mit dem Auftreten von U-Booten gerechnet. Und der Einsatz von U-Tankern war überhaupt nicht vorhersehbar. Diese hatten Mitte Juni 20 Boote auf hoher See versorgt, die damit gerade in jenen kritischen Wochen zuschlugen, bevor die Verteidigung voll einsetzte. Dazu kamen noch sechs Boote, die von der nordamerikanischen Küste abgezogen, und vier, die bereits während des Anmarsches umgeleitet worden waren. Dadurch stieg die Gesamtzahl der Boote, die je in diesem Gebiet operierten, auf 30. Sie versenkten allein im Zeitraum Mai-Juni 1942 nicht weniger als 148 Schiffe mit 752 000 BRT. Diese Verheerungen alarmierten die für die Schiffahrt in der Karibik Verantwortlichen, und schließlich führte die Abteilung für Geleitzugsteuerung der US Navy ein kompliziertes System von Konvois aus Port of Spain im Süden über Aruba, Panama und Key West bis nach Halifax in Neuschottland im Norden ein.

Für Dönitz war es klar, daß sich die Entwicklungen nun wiederholten. Genau wie seinerzeit nach dem „blutigen Sommer" war der Gegner dazu übergegangen, seine Schiffe durch die Einführung des Geleitzugsystems zu schützen. In der deutschen U-Bootwaffe gingen daraufhin die aufsehenerregenden Erfolge von „einsamen Wölfen" zurück, und der Glanz des Einzelnen mußte sich in straff geführten Rudeln dem Gruppennutzen unterordnen.

Der BdU hatte diese Entwicklung für die US-Küstengewässer bereits für Mai vorausgesehen. Auch blieb ihm nicht verborgen, daß die Konzentration von U-Jagdverbänden in den Gebieten massierter Bedrohung notgedrungen zu Schwächungen in anderen Räumen führen mußte. Dies galt es auszunutzen. Dönitz nahm an, daß nach einiger Zeit ohne U-Bootaktivität im Nordatlantik die Geleitzüge auf dem direkten Weg von Neufundland nach England fahren würden - der Großkreisroute. Noch während des „Paukenschlages“ vor Amerika beschloß er, seine Idee praktisch zu erproben, und setzte einen Suchstreifen aus acht Booten auf die Großkreisroute an. *U 569* (Hirsch) sichtete auf Anhieb den Konvoi *ONS 92. U 569*, *U 94* (Ites) und *U 124* (Mohr) versenkten fünf Schiffe, und nur das extrem schlechte Wetter bewahrte das Geleit vor weiteren Verlusten. In der Folge gelang es, noch weitere Geleitzüge abzufangen, darunter den Konvoi *ONS 100*, der vier Schiffe und die freifranzösische Korvette *Mimosa* verlor. All das waren nur Randerscheinungen der Hauptkämpfe jener Tage, doch sie ließen abschätzen, daß nach einem eventuellen Ende der „glücklichen Zeit“ eine neuerliche Bekämpfung der Geleitzüge ebensolche Erfolge versprach.

Der dauerhafte Erfolg vor Amerika war mehr als zufriedenstellend. Von der Gesamtversenkungsziffer im ersten Halbjahr 1942 - 531 alliierte Schiffe mit 2730229 BRT - wurde der Großteil im Westatlantik und in der Karibik erzielt. Doch selbst dieses Bild war nicht ungetrübt. SKL-Statistiker hatten errechnet, daß sich ein Sieg in der Schlacht im Atlantik nur auf der Basis erringen ließ, daß mehr Schiffsraum versenkt wurde, als gleichzeitig nachgebaut werden konnte. Unter dieser Voraussetzung mußten monatlich 700000 BRT feindlichen Schiffsraumes vernichtet werden. Der BdU mußte erkennen, daß selbst bei freier Jagd vor Amerika und der dortigen schwachen Abwehr das Kriegsziel nicht zu erreichen war.

Auf der Habenseite waren diese Erfolge mit dem Verlust von nur 21 Booten - davon sechs in US-Gewässern - erreicht worden. Am Jahresanfang hatte die deutsche U-Bootwaffe einen Bestand von 259 U-Booten, davon 99 Frontboote. Durchschnittlich wurden pro Monat 18 neue Boote in Dienst gestellt. Ende Juni waren 332 Boote in Dienst, 111 an der Front, und die Zugangsrate blieb unverändert.

Zu jener Zeit gelang es den Alliierten nicht, das Anwachsen der deutschen U-Bootflotte durch Versenkungen zu verhindern. Im Licht der Neuindienststellungen war das Erzielen der notwendigen Versenkungen durchaus denkbar.

Nach zweieinhalb Kriegsjahren war der Kampf um die Seeherrschaft nach wie vor unentschieden.

Kampfraum Nordmeer: Winter und Frühjahr 1942

Im September 1941 lief der erste einer Reihe von Nachschubkonvois von Island nach Rußland, und die in Norwegen stehenden deutschen U-Boote begannen mit langdauernden und heftigen Angriffen. Die Bedingungen waren für beide Seiten die schlechtesten in diesem Krieg überhaupt mit Dauerstürmen, Tiefsttemperaturen, der Gefährdung durch das Packeis jenseits des Polarkreises, den Schwierigkeiten des ewigen Polartages im Sommer und der ewigen Nacht im Winter. Die Geleitzüge brauchten für die Reise nach Murmansk oder Archangelsk bis zu drei Wochen, und die Länge der Reiseroute durch feindliches und unwirtliches Gewässer betrug - je nach Lage des Packeises - bis zu 2000 Seemeilen.

Die ersten Geleitzüge fuhren im Schutz der winterlichen Polarnacht 1941/42, doch nach Frühlingsbeginn boten sich durch das zunehmende Tageslicht den U-Booten der „Eisbärflottille" zunehmende Angriffschancen.

Am 20. März 1942 verließ der Konvoi *PQ 13* Reykjavik in Richtung Rußland, einen Tag später lief das Gegengeleit *QP 9* aus Murmansk aus. Dieser gegenläufige Reiserhythmus hatte sich aus der Notwendigkeit, einen Tanker mitzuschicken, ergeben. Er konnte so das Rußlandgeleit in der Mitte des Weges mit Öl versorgen und dann mit dem Gegengeleit heimkehren. Für dieses Geleitzugpaar plante das deutsche Oberkommando den größten bisherigen kombinierten See-Luftangriff. Doch die erwartete Geleitzugschlacht blieb aus. *U 655* (Dumrese) sichtete als einziges das Geleit *QP 9* und wurde am 24. März von dem englischen Minensucher *Sharpshooter* durch Rammstoß versenkt. Gegen das durch einen Sturm auf einen Seeraum von 150 Meilen verstreute Ost-Geleit kamen die U-Boote erst am 30. zum Schuß und versenkten drei Frachter, nachdem bereits drei der deutschen Luftwaffe zum Opfer gefallen waren. Einen Tag vorher hatte *U 585* den torpedierten englischen leichten Kreuzer *Trinidad* erfolglos angegriffen und war dabei vom Zerstörer *Fury* vernichtet worden. Wie man sieht, war das Eismeer nicht die alleinige Domäne der „grauen Wölfe", sie mußten ihre Erfolge mit den Überwassereinheiten der Kriegsmarine und der Luftwaffe teilen. Immerhin betrachteten die Deutschen die Vernichtung von fünf Schiffen eines 20-Schiff-Geleits als bemerkenswerten Erfolg. Die Engländer erblickten darin zwar keine Tragödie, sahen aber für die Zukunft düster. Der Erste Seelord betonte Anfang April vor dem Verteidigungsausschuß, daß die Verluste ein derartiges Ausmaß erreichen könnten, daß die Einstellung dieser Geleitzüge ins Auge gefaßt werden müßte.

Das nächste Geleitzugpaar - *PQ 14* und *QP 10* - verlor fünf von 24 Schiffen, was die englische Ansicht nur bekräftigte. Kurze Zeit später torpedierte *U 456* (MaxMartin Teichert) den zur Fernsicherung des Geleitzuges *QP 11* gehörenden leichten Kreuzer *Edinburgh.* Die ebenfalls auf das Geleit angesetzte deutsche 6. Zerstörerflottille griff den Havaristen an, wobei der deutsche Zerstörer *Hermann Schoemann* versenkt wurde. Schließlich torpedierten die deutschen Zerstörer die *Edinburgh* abermals, so daß die Besatzung übergeholt und der Kreuzer versenkt werden mußte.

Während das Geleit *PQ 16* unterwegs war, wurde es den Alliierten immer klarer, daß deutsche U-Boote, Überwassereinheiten und Flugzeuge die Oberhand in diesen Gewässern hatten. Die Admiralität empfahl daher dringend, die Geleittätigkeit einzustellen, solange die deutschen Flugplätze in Nordnorwegen benützbar waren. Doch die politischen Argumente für die Lieferung von Kriegsmaterial an die UdSSR wogen schwerer. Daher wurden die Geleitzüge in dem vollen Bewußtsein weitergeführt, daß früher oder später die Katastrophe eintreten müßte.

Am 21. Mai liefen die 35 Schiffe des Rußland-Geleits *PQ 16* und die 15 Schiffe des Gegengeleits *QP 12* aus. Doch keines von beiden bekam den erwartenen deutschen Schlag zu spüren. Lediglich *PQ 16* verlor ein Schiff, dann wurden die U-Boote geschickt abgedrängt. Selbst Dönitz mußte der Geleitsicherung diesen Erfolg zubilligen und gestand das Versagen der U-Boote ein. Auch die Luftwaffe war nicht viel erfolgreicher, obwohl sie von großen Erfolgen berichtete. Allein am 27. Mai waren in rollenden Angriffen nicht weniger als 108 Flugzeuge am Geleit *PQ 16*, doch sie versenkten nur sechs Frachter. Das Gegengeleit *QP 12* kam überhaupt ungeschoren durch.

Nachdem schwere Bedenken von höchsten Offizieren der britischen Admiralität zerstreut worden waren, wurde Ende Mai das Geleit *PQ 17* auf den Weg geschickt. Es war sehr stark gesichert, allein die Nahsicherung bestand aus sechs Zerstörern, vier Korvetten, zwei U-Booten und zwei Flakkreuzern. Drei eigene Rettungsschiffe sollten Überlebende bergen. Eine erste Begegnung mit den U-Booten am 1. Juli brachte für beide Seiten kein Ergebnis. In der Nacht wurde die Auflösung des Geleites befohlen, weil das Eingreifen einer deutschen Überwasserkampfgruppe - bestehend aus dem Schlachtschiff *Tirpitz* und den schweren Kreuzern *Admiral Scheer* und *Admiral Hipper* und ihrer Begleitzerstörer - vorausgesagt wurde. Dieser auf eine Panikentscheidung begründete Befehl sollte verheerende Folgen haben, denn in den folgenden Tagen versenkten Flugzeuge und U-Boote 24 der weitverstreuten und daher ungesicherten Frachter. Nachdem die letzten ihre Zielhäfen erreicht hatten, konnte man Bilanz ziehen: Die U-Boote hatten 16 Frachter versenkt, darunter neun, die bereits von der Luftwaffe beschädigt worden waren. Die Luftwaffe selbst konnte acht Schiffe auf ihr Konto buchen. Nachdem gleich nach dem Auslaufen bereits zwei Frachter wegen Beschädigungen umgekehrt waren, hatten nur elf ihr Ziel erreicht, außerdem war eines der drei Rettungsschiffe versenkt worden.

U-Boote und Luftwaffe hatten allen Grund zur Zufriedenheit:

Von 297 Flugzeugen hatten 210, von 594 Panzern 510 und von 4 240 Kraftfahrzeugen 3 350 die UdSSR nicht erreicht; zwei Drittel der Ladung waren verloren.

Selbst wenn die Angriffschancen gering und die Wetterbedingungen extrem ungünstig waren, selbst wenn sie ihre Versenkungserfolge mit anderen Waffengattungen teilen mußten, waren die Erfolge der U-Boote - in Sonderfällen wie diesen - bemerkenswert.

Technische Fortschritte: Sommer 1942

Während der Kampf auf See mit unverminderter Heftigkeit weiterging, fand hinter den Kulissen ein weit weniger spektakulärer, aber nichtsdestoweniger ebenso heftiger Kampf statt: jener um dic technische Vorherrschaft. Die Verantwortlichen für diese Projekte erfreuten sich weder des unmittelbaren Ruhmes erfolgreich bestandener Gefechte noch kannten sie die dauernde Gefahr, die das Leben auf See kennzeichnete. Trotzdem war ihr Einfluß auf den Kriegsverlauf von entscheidender Bedeutung. Normalerweise war ihr Kriegsbeitrag nicht plötzlicher Natur. Forschung und Entwicklung gingen stetig weiter. Kam eine bedeutende Entwicklung zustande, wurde sie erst in kleiner Stückzahl an die Truppe ausgeliefert, erst später in größerer Zahl. So machte sich der Einfluß eines einzelnen technischen Schrittes meist über einen längeren Zeitraum, manchmal erst nach mehreren Monaten bemerkbar.

Zuerst einmal ahnte man auf deutscher Seite, daß der Funkcode doch nicht so dicht wie angenommen war. Da Dönitz aber aus Gründen der Rudelführung auf den Funkverkehr mit seinen Booten nicht gänzlich verzichten konnte, wurde das alte 3-Walzen-Modell der Schlüsselmaschine M durch das neue 4-Walzen-Modell M 4 ersetzt. Am 1. Februar 1942 wurden dann durch Funkbefehl alle Front-U-Boote zum neuen Schlüsselkreis „Triton" zusammengefaßt. Das warf die englischen Codeknacker an den Anfang zurück, denn ihre Rechenanlagen waren nur auf die Kombinationsmöglichkeiten von 3-Walzen-Anlagen ausgelegt. Nun mußten überhaupt erst einmal neue Rechenanlagen gebaut werden. Allerdings verwendeten die deutschen U-Boote in der Ostsee und beim Anmarsch nach wie vor den bereits „geknackten' Schlüssel „Hydra". Daher konnten die Engländer die Meldungen jedes einzelnen deutschen U-Bootes bis zum Übergang in den Schlüsselkreis „Triton" genau mitlesen und die späteren Peilergebnisse dann in Arbeitshypothesen den einzelnen Booten zuordnen. Es sollte aber bis September dauern, bis durch mühsame und komplizierte „Knobelarbeit" auch der Funkschlüssel „Triton" gebrochen war. Von da an wußte man im Submarine Tracking Room wieder genau über jedes einzelne deutsche U-Boot Bescheid.

Seit Anfang 1942 berichtete eine Anzahl von Booten über zunehmende Tagesluftangriffe, besonders im Golf von Biskaya. Zwar waren die Ausgucks auf den Kommandotürmen wachsam wie immer, doch wurden sie der Flugzeuge immer erst dann gewahr, wenn diese sie anscheinend schon lange gesichtet hatten. Noch bemerkenswerter schien die Tatsache, daß es offenbar gleichgültig war, ob diese Angriffe bei wolkenlosem oder vollkommen bedeckten Himmel ausgeführt wurden. Die Deutschen waren der Meinung, daß sie aus so großer Entfernung gesichtet wurden, daß den englischen Piloten genügend Zeit blieb, sich die günstigste Angriffsposition auszusuchen. Noch größer war dann die Überraschung der deutschen U-Bootkommandanten, als sie in stockdunkler Nacht mit peinlicher Treffsicherheit von einem Flugzeugscheinwerfer aus nur 2000 Metern Entfernung angeleuchtet und dann gleich darauf angegriffen wurden. Kapitänleutnant Mohr berichtete, daß er während eines Angriffes auf das Geleit *ONS 100* nicht weniger als siebenmal von Zerstörern angegriffen worden war, die mit hoher Geschwindigkeit direkt vom Horizont auf ihn zugelaufen waren. Also mußten auch die gegnerischen Überwasserfahrzeuge eine unheimliche „Witterungsfähigkeit" haben.

Für Dönitz war es klar, daß die Engländer nun ein neues und hochwirksames Oberflächenortungsmittel besaßen. Wegen des Fehlens der militärischen Bearbeitung der Funkmeßfragen in der SKL war der Stab des BdU nur ungenügend über die großen Fortschritte beim Einsatz der Funkmeßgeräte beispielweise in der Aufklärung und beim Flakschießen unterrichtet. Zwar war den Deutschen die Existenz eines auf 1,5 Meter Wellenlänge arbeitenden englischen Radargerätes bekannt, wegen des schwachen Auflösungsvermögens dieser Welle war man aber in Deutschland der Ansicht, daß sie zur Ortung solch kleiner Ziele wie U-Boote nicht geeignet war. Auch die Möglichkeit des Einbaus solcher Geräte in Flugzeuge wurde eher negativ beurteilt.

Die Engländer hatten es aber trotzdem fertiggebracht, ein kleines Flugzeug-Bordgerät zu bauen, außerdem hatten sie einen der größten Nachteile dieses Schiffsuchradars ASV Mark II auf geniale Weise ausgemerzt. Dieser technische Mangel hatte darin bestanden, daß in der letzten Phase der Annäherung ans Ziel das Radarecho verschwand, so daß nur nach Sichtkontakt weitergeflogen werden mußte. Dann kam Geschwaderführer H. d. V. Leigh auf die Idee, den Landescheinwerfer mit dem Schiffsuchradar zu koppeln. Es war dieses „Leigh light", das die U-Bootfahrer so entsetzte, weil es unglaublich präzisen Nachtangriffen voranging. Solchen Angriffen fielen zum Opfer: *U 502* (Jürgen von Rosenstiel) am 5. Juni bei der Rückkehr von einer Unternehmung vor Amerika, *U 751* (Gerhard Bigalk) am 17. Juli, *U 578* (Ernst-August Rehwinkel) am 9. August und *U 705* (Karl-Horst Horn) am 3. September.

In einer ausführlichen Sitzung mit dem Chef des Marine-Nachrichtendienstes wurden Pläne für einen Schutz vor Radarortung ausgearbeitet. Alle deutschen Front-U-Boote sollten schnellstens mit Funkmeßbeobachtungsgeräten (FuMB) ausgestattet werden, mit denen sie die gegnerische Ortung rechtzeitig messen konnte, bevor das zurückkehrende Echo noch stark genug für eine wirkungsvolle Ortung war. Das Nachrichtenmittel-Versuchskommando schlug vor, die in Paris bei den Firmen Metox-Grandin und Sadir in größerer Zahl existierenden UKW-Überlagerungsempfänger hierfür vorzusehen und als Behelfslösung eine über ein einfaches Holzkreuz gespannte Antenne zu verwenden. Dieses primitive „Biskayakreuz“ mußte jedesmal beim Tauchen mit ins Boot genommen werden. Die deutsche Industrie wurde angewiesen, ein leistungsfähiges Beobachtungsgerät für den Bereich von 3 bis 0,75 Meter Wellenlänge zu schaffen. Das Ergebnis war dann ein druckfester Runddipol (Bezeichnung: FuMB 29 „Bali“) mit dem Empfänger „Samos“. Außerdem wurde die Entwicklung reflexionsmindernder Schutzschichten („Ortungssumpf“) eingeleitet, die ein Radarecho abschwächen sollten.

Das „Metox“-Gerät als wichtigster erster Schutz kam ab August 1942 erstmals zum Einsatz und wirkte sofort. Bis Oktober kam die alliierte Luftoffensive gegen die die Biskaya durchquerenden U-Boote fast zum Erliegen.

Die Engländer waren allerdings schon einen Schritt weiter und hatten bereits die nächste Gerätegeneration entwickelt, in der das revolutionäre Hohlraummagnetron Radarwellen von nur zehn Zentimeter Wellenlänge erzeugte. Von dieser kurzen Wellenlänge erwartete man sich ein weitaus besseres Auflösungsvermögen. Zum Glück für die deutschen U-Boote gab es auch in den englischen Luftstreitkräften Reibereien und Prioritätsstreitigkeiten von einer Art, wie sie sonst eher für die Deutschen charakteristisch waren. Das neue 10-cm-Gerät „H2S“ war als Bombenzielgerät für das *Bomber Command* entwickelt worden, und dieses verweigerte eifersüchtig die Weitergabe an das *Coastal Command*. Erst über energisches Eingreifen des Luftfahrtministeriums wurden 40 solche Geräte zum Einbau in „Wellington“-Bomber des *Coastal Command* freigegeben. Dort befriedigten sie allerdings nicht sehr, weil sie nicht speziell für die U-Bootsuche konstruiert worden waren. Es sollte bis Januar 1943 dauern, bis das verbesserte ASV Mark III in genügender Zahl zum Einbau kam. Zusammen mit einem neuen Bombertyp aus den USA ergab das ein ideales neues radargesteuertes Waffensystem.

In der Zwischenzeit wollte der BdU seine vorläufige Überlegenheit über die englische Luftwaffe sichern und forderte Luftsicherung für seine durch die Biskaya marschierenden Boote. Als ihm daraufhin vom „Fliegerführer Atlantik“ bloß eine *FW 200 „Condor“* pro U-Boot zugesichert werden konnte, flog Dönitz Anfang Juli zu Göring nach Ostpreußen in dessen Hauptquartier „Robinson“ im Romintener Forst, um die notwendigen Flugzeuge zu fordern. Das seinerzeitige Treffen hatte im Groll geendet, und Dönitz hatte wenig Respekt vor dem Reichsmarschall. Doch er verbiß sich seine Aversion und trug seine sorgfältig untermauerte Forderung vor. Erstaunlicherweise erzielte er einen Erfolg, und der Luftwaffenführungsstab versprach ihm die Unterstellung von 24 *Ju 88 C-6*-Zerstörerflugzeugen. Verglichen mit den sonstigen Antworten auf seine Forderungen war das ein bemerkenswerter Fortschritt.

Als weitere Schutzmaßnahme wurde die Verstärkung der Bordflak der U-Boote angeordnet. Da die 8,8-cm-Deckskanone wegen der Luftbedrohung ohnehin nicht mehr benützt wurde, entfernte man sie zur Gewichtseinsparung. Stattdessen wurde am Turm eine zusätzliche Flakwaffen-Plattform angebaut, die von den U-Bootfahrern scherzhaft als „Wintergarten“ bezeichnet wurde. Auf ihr wurden - je nach Verfügbarkeit – 2-cm-Zwillings- oder -Vierlingslafetten oder 3,7-cm-Einzel- oder -Zwillingslafetten aufgestellt. Außerdem erhielten die U-Boote den Befehl, wegen stärkster Luftgefahr in der Biskaya bei Tag und Nacht getaucht zu fahren und nur zum Laden der Batterie aufzutauchen.

Auch auf offensivem Gebiet wurde einiges unternommen; einige neue Torpedotypen wurden in die Entwicklung gegeben. Immer noch griffen die deutschen U-Boote mit dem alten Elektrotorpedo G 7 e mit Aufschlagzündung an. Neue Torpedos waren dringend notwendig.

Der Horchtorpedo T 5 („Zaunkönig“) hatte einen akustischen Zielsuchkopf, der flächenabsuchende Torpedo FAT suchte einen großen Seeraum in S-Schleifen ab, und der lagenunabhängige Torpedo LUT konnte auf Kurswendungen bis zu 180 Grad programmiert werden.

Doch der Schlüssel für den zukünftigen U-Boot-Krieg lag anderswo. Wenn die Engländer tatsächlich, wie man befürchtete, ein

Radargerät entwickelt hatten, mit dem sie U-Boote auf große Entfernung orten konnten (und das sicherlich noch weiter entwickelt werden würde), dann waren die U-Boote in allen Räumen mit Luftbedrohung nutzlos. Es war nicht einmal ein Angriff erforderlich. Allein die Anwesenheit eines Flugzeuges genügte, um ein U-Boot unter Wasser zu drücken. Bis die Luft dann wieder rein war, war der Kontakt mit einem gesichteten Geleitzug meist schon wieder verlorengegangen. Durch die stufenweise Ausdehnung der Luftüberwachung von beiden Seiten des Atlantik (Mitte 1942 war die Überwachunslücke südlich von Grönland bereits auf 600 Seemeilen geschrumpft) war abzusehen, daß große Teile der Hochsee und alle Küstengewässer als U-Bootoperationsgebiet nicht mehr in Frage kamen.

Diese Änderung der Lage wurde so gravierend, daß Dönitz am 24. Juni 1942 dem Oberbefehlshaber der Marine einen Brief sandte, in dem er eine Neubewertung des U-Bootes in der Kriegführung forderte:

„Es gilt daher, immer wieder zu prüfen, ob das U-Boot in seiner Kampfkraft dieser hohen Anforderung noch gewachsen ist, oder ob die gegnerische Abwehr bereits jetzt die Schlagkraft des U-Bootes beeinträchtigen kann bzw. welche Möglichkeiten für die gegnerische Abwehr in der Zukunft entstehen können.

Eine solche Überprüfung erscheint mir besonders jetzt am Platze zu sein, in einer Zeit großer U-Booterfolge in Gebieten schwacher Abwehr, die leicht dazu führen kann, zugunsten der U-Boote die richtige Einschätzung des Verhältnisses zwischen der Kampfkraft des U-Bootes und der feindlichen Abwehr zu verlieren. Es seien daher im folgenden die Kampfkraft des U-Bootes im einzelnen untersucht und seine Schwächen, sowie die daraus drohenden taktischen Nachteile und die erforderlichen Abhilfen genannt."

Dönitz wußte, daß seine frühere Konzeption vom „Tauchboot" bald nicht mehr zutreffen würde. Doch was sollte folgen?

Der brilliante Ingenieur Professor Hellmuth Walter hatte bereits vor dem Krieg zumindest theoretisch die Antwort gefunden.

Geld- und Zeitmangel sowie fehlendes Vertrauen von seiten des OKM verhinderten allerdings, daß seine Ideen dem Bau konventioneller U-Boote vorgezogen wurden. Im Unterschied zum Tauchboot war das Walter-U-Boot ein echtes Unterseeboot. Anstatt zweier getrennter Antriebssysteme besaß es einen außenluftunabhängigen Einheitsantrieb für Unter- und für Überwasserfahrt. Sauerstofflieferant für die Walter-Turbine war hochkonzentriertes Wasserstoffsuperoxyd. Ein mittleres Walter-U-Boot konnte sechs Stunden lang mit 24 Knoten unter Wasser laufen. Das eröffnete ungeahnte Möglichkeiten.

Der U-Bootkommandant brauchte nicht mehr Stunden oder gar Tage, um sich auf gute Angriffsposition an einen gesichteten Geleitzug heranzuarbeiten. Ein derart schnelles U-Boot konnte die Geleitsicherung weglocken, den anderen Booten den Weg freimachen und dann selbst noch zum Angriff zurückkehren. Eigentlich konnte so ein U-Boot mit dem Gegner Katz und Maus spielen, außerdem hatte es von der Luftsicherung nichts zu befürchten. In seinem Brief vom 24. Juni erklärte Dönitz sein Vertrauen in das Walter-U-Boot und schloß mit den Worten: „Schnellste Entwicklung und Erprobung und anschließend schnellster Bau des Walterschen U-Bootes in großem Stil sind daher von kriegsentscheidender Wichtigkeit."

Rückkehr zu den Geleitzugrouten

Da die Einführung des Geleitzugsystems an der Ostküste der Vereinigten Staaten und in der Karibik die für die U-Boote erfolgreiche Phase beendet hatte, konzentrierte sich der Kampf nun wieder mehr auf die Nordatlantik-Konvois. Es blieb Dönitz nicht verborgen, daß die Sicherung der neueingeführten US-Küstenkonvois und der Nachschubgeleite nach Rußland zu einer Schwächung des Geleitschutzes im Atlantik führte. Die versuchsweisen Angriffe im Sommer hatten das bestätigt. Der BdU wußte damals allerdings noch nichts von den Vorbereitungen für die alliierte Landung in Nordafrika (Unternehmen „Torch“) Ende 1942. Das sollte später noch von größter Wichtigkeit werden.

Die Knappheit an verfügbaren Geleitfahrzeugen war nicht der einzige Grund, der die Atlantikkonvois so interessant machte. Hier lag auch die Möglichkeit, mehr Boote am Feind operieren zu lassen. Die langen An- und Abmarschwege wie zum Beispiel in die Karibik fielen weg, und die Boote konnten einen wesentlich längeren Teil der Feindfahrt ihrer Hauptaufgabe, dem Handelskrieg, widmen. Außerdem konnten dadurch auch jeweils mehr Boote an der Front stehen und gerade in jenem Seeraum operieren, in dem die Geleitzüge ohne Luftsicherung waren. Dönitz wußte, daß er diesen Vorteil ausnützen mußte, solange er noch bestand. Die Überwachungslücke, die 1941 bereits 500 Seemeilen vor der Küste begonnen hatte, war nun schon bedeutend kleiner geworden und mußte weiter schrumpfen. Viermotorige Flugzeuge starteten von Fliegerhorsten in Nordamerika und Grönland, Island und Nordirland. Die vor der afrikanischen Küste laufenden Konvois erhielten ihre Luftsicherung von Freetown in Sierra Leone aus. Das Operationsgebiet für U-Boote war solcherart recht klein, und ihre einzige Chance lag darin, ein Geleit innerhalb dieser Überwachungslücke zu entdecken und einige Tage lang zu verfolgen, bis es wieder in die Reichweite der Küstenluftwaffe kam. Zum Glück für die U-Boote mußten die Geleitzüge wegen der herrschenden Treibölknappheit den kürzesten Weg über den Atlantik wählen, also die Großkreisroute, wo sie leichter aufzufinden waren. Aber auch die deutsche U-Bootwaffe hatte mit Schwierigkeiten zu kämpfen, weil die meisten Besatzungen und Kommandanten der neuen Boote keine Kampferfahrung hatten. Die U-Bootasse der Anfangszeit waren Männer gewesen, die sich im Verlauf einer jahrelangen Friedensausbildung jene überlegenen Kenntnisse und Fähigkeiten angeeignet hatten, mit denen sie dann an ihre Aufgabe herangingen. Nun kam das verstärkte U-Bootbauprogramm voll zum Tragen. Im Juli 1942 waren 342 deutsche U-Boote in Dienst. Das bedeutete natürlich, daß die meisten Besatzungen und Kommandanten neu auszubilden waren.

Während der neuaufgeflammten Schlacht im Atlantik gingen die Boote häufig von einem Unternehmen sofort in das nächste. Zwischen den Operationen wurden einzelne Boote, die brennstoffschwach geworden waren, aber noch Torpedos für weiteren Kampfeinsatz besaßen, auf hoher See von einer „Milchkuh“ versorgt. Das verlangte großes navigatorisches Können, ganz abgesehen von der angespannten Wachsamkeit angesichts der Wehrlosigkeit des bunkernden Bootsgespannes. Nach zwei bis drei solcher meistens über mehrere Tage sich erstreckenden Geleitzugoperationen war es schon wegen der starken Beanspruchung der U-Bootbesatzungen erforderlich, die Boote den Heimmarsch zu Hafenruhe und Erholung antreten zu lassen.

Angesichts dieser Probleme wies Dönitz sehr realistisch am 27. Juli in der deutschen Presse auf die schwierigen Zeiten hin, die für den U-Boot-Krieg sicherlich noch kommen würden. Denn das deutsche Volk frohlockte über die Versenkungserfolge der vorangegangenen Monate: Allein im Juni 131 Schiffe mit 616904 BRT. Doch schon im Juli gingen die Versenkungen leicht zurück. Dönitz' Presseerklärung über möglicherweise zu befürchtende schwere Verluste brachte die öffentliche Meinung wieder auf den Boden der Realität zurück. Die britische Admiralität analysierte diese Aussagen genau und sah darin einen Hinweis, daß wieder die englischen Geleitzüge im Atlantik angegriffen werden sollten. Sie sahen darin einen „Tip direkt aus dem Maul des Pferdes". Und sie sollten recht behalten.

Zwei Angriffe von U-Bootrudeln auf Geleitzüge in den letzten beiden Juniwochen schlugen wegen Schlechtwetters fehl. Ein zyklonartiger Sturm schützte den ersten und Nebel den zweiten. Dann bekam Kapitänleutnant Gerd Kelbling mit *U 593* den von Neufundland nach England auslaufenden Konvoi *SC 94* in Sicht. Er hielt einige Tage Fühlung, bis andere Boote herangekommen waren. Die Geleitsicherung bestand aus einem Zerstörer und sechs Korvetten. Als der Zerstörer detachiert wurde, eine Anzahl von Frachtern einzusammeln, die sich im Nebel verstreut hatten, versenkte Kelbling den Frachter *Spar.*

Der dichte Nebel schützte die U-Boote, doch am Nachmittag des 6. August klarte es für kurze Zeit auf, und Kapitänleutnant Kurt Lemcke mit *U 210* fand sich plötzlich nahe dem Geleitzug. Der kanadische Zerstörer *Assiniboine* und die Korvette *Dianthus* machten ihn aus und drückten ihn unter Wasser. Die folgenden Wasserbombenteppiche beschädigten das Boot schwer. Als das nicht endenwollende Bombardement schließlich doch aufhörte, konnte das U-Boot nicht mehr länger unter Wasser gehalten werden. Lemcke hoffte, daß die Geleitfahrzeuge die Jagd abgebrochen hatten und tauchte mit seinem lecken Boot auf, um an der Oberfläche mit den Dieseln zu entkommen. Er kam fünf Seemeilen von der *Assiniboine* entfernt an die Oberfläche und hatte nochmals Pech, denn gerade zu diesem Zeitpunkt riß der Nebel erneut auf und gab das U-Boot den Ausgucks des Zerstörers preis. Die heranbrausende *Assiniboine* eröffnete das Feuer und traf das U-Boot am Turm, doch *U 210* erwiderte das Feuer und erzielte ebenfalls einen Treffer. Auf *Assiniboine* fiel ein Mann, dreizehn wurden verwundet, und ein Brand brach aus. Geschickt wich Lemcke allen Rammversuchen aus und kam dabei so nahe an seinen Gegner heran, daß dieser seine Geschütze nicht mehr einsetzen konnte. Dicht an der Bordwand des Zerstörers war er für einen Moment sicher, doch das war keine Dauerlösung. Er versuchte wegzutauchen und wurde dabei gerammt und beschossen. Nach dem Überlaufen des U-Bootes warf der Zerstörer dann noch eine Lage Wasserbomben über das Heck. Lemcke mußte wieder auftauchen und erhielt einen 10,2-cm-Treffer in den Bug. Wer konnte, sprang von Bord des sinkenden *U 210.* Die Schiffbrüchigen wurden von der *Assiniboine* und der Korvette *Dianthus* aufgefischt, die gerade auf der Bildfläche erschien, um das Ende des Duells mitzuerleben. Den aufgefischten Deutschen blieb die Genugtuung, die *Assiniboine* so schwer beschädigt zu haben, daß sie das Geleit verlassen und direkt in die Werft mußte.

Während der nächsten drei Tage waren die verbliebenen fünf Korvetten, die jetzt die gesamte Sicherung ausmachten, mit der Abwehr von vier gesichteten U-Booten ausgelastet. Am Nachmittag des 8. August, eines schönen Sommertages, schlugen die U-Boote wieder zu. Innerhalb von wenigen Minuten torpedierten sie fünf Schiffe, von denen drei sofort sanken. Die Explosionen auf den anderen beiden lösten eine Panik im Konvoi aus, und die entsetzten Besatzungen von drei weiteren Schiffen gingen in die Boote. Auf einem dieser Frachter sprang eine Geschützbedienung überhaupt gleich über Bord. Zwei der Besatzungen kamen wieder zur Besinnung, als sie bemerkten, daß ihre Schiff überhaupt nicht torpediert worden waren. Sie gingen an Bord und brachten ihre Schiffe wieder in Fahrt. Doch die dritte Besatzung hatte ihr Schiff *Radchurch* nicht zu Unrecht verlassen, denn der treibende Frachter wurde sogleich ein Opfer von *U 176* (Reiner Diercksen). Die Angriffe hielten während des Nachmittages und der Nacht an.

Schließlich hatte die emsige Korvette *Dianthus* Erfolg, als sie *U 379* (Paul-Hugo Kettner) durch Wasserbomben zum Auftauchen zwang und anschließend durch Rammstoß versenkte. Obwohl die anderen U-Boote von der Geleitsicherung dauernd abgedrängt wurden, gelang es ihnen, vier weitere Frachter zu versenken, allerdings wurden drei U-Boote beschädigt. Am 9. August beorderte Dönitz Verstärkung herbei, und auch die Engländer verstärkten den Geleitschutz. Schließlich kam der Geleitzug in den Bereich der von Nordirland aus operierenden „Liberators". Vom Eintreffen der Luftsicherung im Morgengrauen an waren den U-Booten die Hände gebunden. Dönitz mußte den Angriff schließlich abbrechen. Alles in allem hatte das Geleit *SC 94* zehn Schiffe mit 49 805 BRT verloren.

Auch auf den südlichen Konvoirouten wurden ähnliche Erfolge erzielt. In der „Azorenlücke" jenseits der Luftsicherung aus Gibraltar und den Britischen Inseln wurden das Geleit *SL 118* und das Nachfolgegeleit *SL 119* angegriffen. Beide gemeinsam verloren fünf Schiffe mit 33 840 BRT. Lediglich *U 566* (Remus) wurde dabei beschädigt, konnte aber notdürftig repariert den Stützpunkt erreichen.

Im September gingen die Angriffe mit wechselndem Erfolg weiter. Das westlaufende Geleit *ON 127* wurde weit draußen im Nordatlantik, jenseits der Luftsicherung, aufgefaßt und vier Tage hindurch ununterbrochen angegriffen. Diesmal trafen die U-Boote nur auf kanadische Geleitfahrzeuge, die nicht einmal Radar an Bord hatten. Dementsprechend war der Erfolg: sieben Frachter mit 50 118 BRT und der kanadische Zerstörer *Ottawa* versenkt sowie sechs weitere Frachter mit 46 118 BRT beschädigt, alles ohne eigene Beschädigungen oder Verluste.

Im September wurden die U-Boote in einen unglücklichen Zwischenfall verwickelt, der weltweiten, langdauernden Widerhall fand. Mitte August waren vier große U-Boote und ein U-Tanker aus den Atlantikhäfen ausgelaufen, um südlich des Äquators zu operieren. Sie hatten Befehl, nur wirklich lohnende Ziele anzugreifen, um die Alliierten nicht zu sehr zu beunruhigen. Es sollte verhindert werden, daß der Gegner bereits ab Kapstadt in Geleitzügen marschierte, bevor überhaupt nennenswerte Versenkungen aufzuweisen waren. Dann versenkte Kapitänleutnant Hartenstein mit *U 156* am 12. September den englischen Cunard-Passagierdampfer *Laconia* 300 Meilen südlich von Las Palmas. Die *Laconia* hatte 436 Mann Besatzung, 268 britische Heeresurlauber mit 80 Frauen und Kindern sowie 1 800 italienische Kriegsgefangene mit 160 Mann polnischem Wachpersonal an Bord. Als Dönitz von diesen Passagieren erfuhr, befahl er Hartenstein und zwei anderen Booten der Kapstadt-Gruppe die Rettung der Schiffbrüchigen. Während Hartenstein mit dem Oberdeck voller Geretteter und zahlreichen Rettungsbooten im Schlepp auf die aus Dakar herbeigerufenen Vichy-französischen Kriegsschiffe wartete, wurde er von einer amerikanischen „Liberator" entdeckt und bombardiert. Hartenstein mußte sich in Sicherheit bringen, indem er alle an Bord befindlichen Überlebenden an die Rettungsboote übergab, diese loswarf und wegtauchte. Später sandte Dönitz einen dahingehenden Befehl, daß die Sicherheit des Bootes unter keinen Umständen gefährdet werden dürfte, einschließlich eines allfälligen Abbruches der Bergungsarbeiten. In der Nacht des 17. funkte Dönitz einen Befehl, nur Italiener an Bord zu behalten und alle anderen Schiffbrüchigen an die Rettungsboote zu geben. Am Nachmittag wurde *U 506*, das diesem Befehl noch nicht nachgekommen war und immer noch 142 Schiffbrüchige, darunter Frauen und Kinder an Bord hatte, von einem Flugboot angegriffen. Nur dem Glück war es zu verdanken, daß die Bomben erst explodierten, als das U-Boot bereits auf 60 Meter Tiefe war. Als Konsequenz dieses Angriffes erließ Dönitz später Anweisungen an alle U-Bootkommandanten, die als „Laconia-Befehl" traurige Berühmtheit erlangen sollten: „Jegliche Rettungsversuche von Angehörigen versenkter Schiffe, also auch das Auffischen von Schwimmenden und Anbordgabe auf Rettungboote, Aufrichten gekenterter Rettungsboote, Abgabe von Nahrungsmitteln und Wasser haben zu unterbleiben, Rettung widerspricht den primitivsten Forderungen der Kriegführung nach Vernichtung feindlicher Schiffe und Besatzungen."

Die Diskussion um den „Laconia-Befehl" erreichte internationale Ausmaße, da man annahm, daß Dönitz seinen U-Bootkommandanten befohlen hatte, vorsätzlich Schiffsbrüchige im Wasser zu ermorden. Nach dem Krieg stellte das internationale Militärtribunal im Laufe des Nürnberger Prozesses fest, daß das nicht stimmte und sprach Dönitz in dieser Beziehung frei.

Die der Laconia-Affäre und dem Schicksal ihrer Überlebenden gewidmete Aufmerksamkeit verhinderte natürlich nicht die weiteren Angriffe auf Geleitzüge. Mitte September stieg die Anzahl der Nordatlantikboote auf 20, doch es setzten so schwere Herbststürme ein, daß Geleitfahrzeuge, Frachter und U-Boote einander gar nicht beachten konnten, so sehr waren sie mit ihrer eigenen Sicherheit beschäftigt. Die heftigen Stürme hielten bis in den Oktober hinein an, und obwohl sich die Gegner manchmal bis auf Geschützreichweite nahekamen, blieb ihnen nichts anderes übrig, als den Sturm abzureiten. Zwar waren diese Wetterbedingungen alles andere als angenehm, doch rettete das eine Anzahl von Geleitzügen.

Am 10. Oktober kreuzte ein Suchstreifen von zehn U-Booten ostwärts Neufundland, um einen ostlaufenden Geleitzug abzufangen. Die Boote wurden in zwei Rudel aufgeteilt, von denen eines am Rand der gegnerischen Luftüberwachung operierte, um den aus Sidney in Neuschottland erwarteten Geleitzug *SC 104* aufzubringen. Tatsächlich wurde aber am Nordende des Suchstreifens nur eine einsame Korvette gesichtet, die Beute schien verschwunden. Dönitz setzte eine Gruppe mit Höchstfahrt nach Nordosten in Bewegung, wo er nun den Geleitzug vermutete. Ohne konkrete Anhaltspunkte verließ er sich nur auf seinen sechsten Sinn, eine Praxis, die auf beiden Seiten wichtig war, um die Bewegungen und Maßnahmen des Gegners vorauszuahnen. Dönitz' Intuition wurde bestätigt.

Am 12. Oktober sichtete eines der U-Boote erneut eine Korvette und folgte ihr unentdeckt bis zum Konvio. Dieser bestand aus 47 Schiffen, die lediglich von zwei Zerstörern und vier Korvetten gesichert wurden. Bald war der Äther voll von Fühlungshaltersignalen, die natürlich schnell eingepeilt wurden. Mit Hilfe ihrer Sichtfunkpeiler („Huff-Duff") lokalisierten die Geleitschiffe die U-Boote und zwangen sie unter Wasser. Als erstem gelang es dann *U 221* (Hans Trojer) in das Geleit einzusickern und in der ersten Nacht drei Schiffe zu versenken. Die Bedingungen waren für die U-Boote ideal: Die kleinen Korvetten wurden von der heftigen Atlantikdünung hin und her geworfen und konnten ihr Asdic kaum einsetzen, so daß die U-Boote unter Wasser sicher waren. In der nächsten Nacht stand Trojer wieder mitten im Geleit und suchte sich in aller Ruhe seine Opfer aus. Diesmal versenkte er allerdings nur zwei Schiffe, damit hatte er aus dem Geleit 29 681 BRT herausgeschossen. Drei andere U-Boote versenkten je einen Frachter. In diesem Zeitraum gingen zwei U-Boote verloren: *U 619* (Kurt Makowski) wurde am 6. Oktober vom Zerstörer *Viscount* mit hoher Geschwindigkeit gerammt; die einsetzende Wetterbesserung erleichterte die Abwehr, so daß der Zerstörer *Fame* am 16. Oktober *U 353* (Wolfgang Römer) durch Wasserbomben zum Auftauchen zwingen konnte. Die Besatzung stieg aus dem schwerbeschädigten Boot, doch bevor es sank, konnte ein Enterkommando der *Fame* noch wichtiges Geheimmaterial bergen.

Gegen Ende Oktober nahm die Wucht der Angriffe noch weiter zu. Sobald eine Sichtung gemeldet oder ein englisches Funksignal entziffernt wurde, wurde ein Rudel zur Verfolgung angesetzt. Dabei blieb trotz des schlechten Wetters die Kampfbegeisterung ungebrochen. Manchmal führte auch der pure Zufall einen Geleitzug mitten in einen U-Bootsuchstreifen. So jagten die U-Boote zum Beispiel am 26. Oktober einen erwarteten Ost-West-Konvoi, als ihnen das West-Ost-Geleit *HX 212* mitten ins Zentrum des Suchstreifens lief. Die Boote im Zentrum ließen sich zurückfallen, und die äußeren Boote schlossen wie die Klauen einer riesigen Falle heran. Der Sturm war gerade genügend abgeflaut, so daß die U-Boote genau genug zielen, die alliierten Geleitfahzeuge ihr Asdic aber noch nicht gebrauchen konnten und die Dünung ihre Radarbilder störte. Das Geleit verlor sechs Schiffe mit 52 000 BRT.

Zwei Tage später wurde südlich von Neufundland ein dicht unter der Küste nach England laufendes Geleit gesichtet. Glücklicherweise gelang dem deutschen B-Dienst die Entschlüsselung eines Funkspruches, der die Kursangabe dieses Geleitzuges *SC 107* enthielt. So war es leicht, die restlichen Boote richtig anzusetzen, und als sich das Geleit an seinen Kurs hielt, kamen sechs Boote heran. Unklug tauchten sie aber bereits innerhalb der Reichweite der auf Neufundland stationierten Flugzeuge auf, worauf prompt am 30. Oktober *U 520* (Volkmar Schwartzkopf) und *U 658* (Hans Senkel) durch die kanadische Luftwaffe vernichtet wurden. Am 1. November überschritt das Geleit die Grenze der Flugzeugreichweite, und in den folgenden beiden Nächten versenkten die U-Boote dreizehn Frachter mit 67 873 BRT. Von nun an konnten die „Liberators" aus Island zu Hilfe kommen, die schließlich auch am 5. November *U 132* (Ernst Vogelsang) versenkten. Da jetzt mit dauernder Luftsicherung zu rechnen war, wurde die Operation abgebrochen. Viel weiter im Süden brachte ein Angriff auf den Konvoi *SL 125* ebenfalls Erfolge. Er dauerte sieben Tage und endete mit der Versenkung von insgesamt elf Schiffen mit 72 000 BRT ohne eigene Verluste.

Als dies geschah, fungierte der *SL 125* als erfolgreicher, wenn auch teurer Köder, der die U-Boote von noch lohnenderen Zielen abhielt. Denn zu dieser Zeit fuhren viele Truppentransporter und Nachschubschiffe nach Gibraltar, um sich dort für die Landung in Nordafrika, dem Unternehmen „Torch", zu sammeln. Solcherart diente der *SL 125* nicht nur der Ablenkung, sondern die Alliierten waren durch die siebentägigen Angriffe über die Standorte der deutschen U-Boote so genau unterrichtet, daß sie alle wichtigen Truppentransporte umleiten konnten.

Die Invasion in Nordafrika überraschte das OKW vollkommen,

da Spionage und Aufklärung gänzlich versagt hatten. Am 8. November erhielt Dönitz Mitteilung von den Landungen in Marokko und beorderte sofort alle im Gebiet zwischen den Kapverden und Gibraltar stehenden U-Boote an die marokkanische Küste. Auch alle anderen Atlantikboote, die noch genug Treibstoff hatten, wurden in Richtung Gibraltar in Marsch gesetzt. Als die ersten Boote am 11. November am Schauplatz eintrafen, fanden sie alle ihre Befürchtungen bestätigt. Der Landungsraum wurde durch unzählige Zerstörer und Flugzeuge und selbst durch eilig aufgebaute Küstenradarstationen geschützt. Trotzdem trugen die U-Boote ihre Angriffe mit großer Kühnheit vor. Oberleutnant zur See Hans-Adolf Schweichel durchbrach mit *U 173* die Sicherung der auf der Reede von Fedala liegenden US-Transporter und erzielte drei Treffer, aber keine Versenkung. Am Abend des 12. November schlich sich Korvettenkapitän Kals mit *U 130* mit spärlicher Sehrohrbenützung die Küste entlang bis zur Reede und versenkte drei Truppentransporter. Mit der Frechheit des Siegers entkam er entlang der Küste, weil er annahm, daß ihn der Gegner draußen im tiefen Wasser erwarten würde.

Dönitz hatte schwere Bedenken, die U-Boote vor der Straße von Gibraltar operieren zu lassen. Zwar gab es lohnende Ziele, doch die lückenlose See- und Luftüberwachung unterband alle Operationen, viele Boote gingen verloren, bevor sie noch zum Angriff kamen. Selbst Dönitz mußte diesen Seeraum als „mörderisch" einstufen. Als er Mitte November den Befehl erhielt, zwanzig Boote vor der Straße von Gibraltar im Einsatz zu halten und darüber hinaus die U-Bootverluste im Mittelmeer durch Zuführung neuer Atlantikboote auszugleichen, war seine Ablehnung verständlich. Er legte der SKL seine Auffassung dar und erreichte eine Herabsetzung von zwanzig auf zwölf Boote, vier weitere Boote sollten ins Mittelmeer gehen.

Dönitz mißfiel an diesem Befehl am meisten, daß er zu einer Zeit gegeben wurde, als die Nordatlantikkonvois wegen des Abzuges der Sicherungskräfte für dic Truppentransporte der Landung

Aufmerksamer Ausguck. Wer sichtet als erster den winzigen Fleck am Horizont?

Tages-Überwasserangriff mit Artillerie.

Hitler und Dönitz bei einer Inspektion.

Beölung auf See. Der kostbare Treibstoff aus den U-Tankern verlängerte Fahrtstrecke und Einsatzzeit.

Nachladen eines Reservetorpedos aus dem Decksbehälter.

U-Boot in schwerer See.

in Nordafrika faktisch entblößt waren. Für ihn war immer der Kampf gegen die alliierte Handelsschiffahrt das Hauptziel geblieben. Er wußte, daß jede Schiffsversenkung, egal wo, nicht nur im unmittelbaren Versenkungsgebiet, sondern auch auf das gesamte alliierte Versorgungs- und Kommunikationsnetz Rückwirkungen hatte. Mit Ausnahme weniger gezielter „Paukenschläge", mit denen man feindliche Operationen abrupt stören konnte, betrachtete Dönitz es als eine Verschwendung der tatsächlichen Fähigkeiten eines U-Bootes, wenn es gegen schwerste Sicherungsmaßnahmen anzukämpfen hatte.

Im Licht dieser Überlegungen gelang es Dönitz, den SKL-Befehl schrittweise zu umgehen und die Gibraltarboote weiter nach Westen zu verlegen, um die US-Truppenkonvois für Nordafrika anzugreifen. Doch das Umdenken war nicht radikal genug - am 6./7. Dezember wurden lediglich vier Transporter versenkt. Am 23. Dezember schloß sich die SKL dann der Meinung des BdU über den Sinn der Operationen gegen die alliierte Landung in Nordafrika an, und diese Unternehmungen wurden abgebrochen.

Mittlerweile befanden sich die wenigen Boote, die Ende November zuwenig Treibstoff hatten, um zur marokkanischen Küste zu verlegen, und weitere acht, die Dönitz nun nicht mehr nach Gibraltar schicken mußte, im Einsatz gegen die alten Konvoirouten.

Am 18. November griff ein in der „Überwachungslücke" stehendes Rudel das Geleit *ONS 144* an und versenkte fünf Frachter sowie die (Exil-)norwegische Korvette *Montbretia*. Kurz danach waren die Boote mit ihrem Treibstoff am Ende und wurden bei ihrer „Milchkuh", dem U-Tanker *U 460*, versammelt. Eine Wetterverschlechterung setzte ein. Tagelang schlingerten die U-Boote bewegungsunfähig in schwerer See. Manche waren gezwungen, die Beleuchtung abzustellen und auf warme Küche zu verzichten, weil sie nicht einmal genug Brennstoff hatten, um die Batterien aufzuladen. Sie konnten nur hoffen, daß ihre Funksprüche nicht den Gegner herbeiriefen. Endlich flaute der Sturm ab, die Boote konnten sich mit Treibstoff versorgen und den Rückmarsch antreten.

Wenige magere Erfolge wurden durch den Verlust von *U 254* (Hans Gilardone) am 6. Dezember überschattet. Bei einem Angriff auf ein Geleit wurde dieses Boot von dem eigenen *U 410* gerammt und sank. Mitte Dezember trat erneut ein solcher Wettersturz ein, daß keine Angriffe mehr gefahren werden konnten. Erst am 27. Dezember konnte wieder ein Geleitzug angegriffen werden. Innerhalb von zwei Nebelnächten schossen die U-Boote aus dem Konvoi *ONS 154* sechzehn Frachter mit 79 153 BRT heraus. Dies war der letzte Angriff dieses Jahres auf ein Nordatlantikgeleit.

Parallel zu diesen Operationen hatten deutsche U-Boote in der zweiten Jahreshälfte 1942 auch in entfernteren Gebieten Handelskrieg geführt. Die Einführung des Geleitzugsystems vor der amerikanischen Küste hatte dieses Gebiet für U-Boote uninteressant werden lassen, doch in der Karibik und vor Trinidad boten zahlreiche Einzelfahrer immer noch lohnende Chancen für Überraschungsangriffe. Als besonders günstig erwies sich die „Windwärts-Passage" zwischen Kuba und Haiti. Zwar liefen hier bereits ab August Geleitzüge, doch mußte der gesamte Schiffsverkehr von Panama nach Norden und von Trinidad nach Westen durch dieses Nadelöhr.

Die Handelsschiffsrouten waren so vorausberechenbar, daß sichtende U-Boote leicht Kameraden heranführen konnten. Zwar war die Luftsicherung schon ausgeprägt, doch die U-Bootkommandanten fanden schnell heraus, daß sie inmitten eines Konvois oder in der Nähe der Geleitfahrzeuge am sichersten waren. Im August 1942 führte diese Taktik zur Versenkung von 15 Schiffen mit 87 603 BRT. Zwei U-Boote gingen verloren, *U 654* (Ludwig Forster) am 22. August und *U 94* (Otto Ites) am 27. August, dann wurden die Geleitfahrzeuge routinierter und wachsamer.

Die U-Boote wichen in die Gewässer um Trinidad, vor die Orinocomündung und vor Guayana aus. Die Schiffahrt war unregelmäßig, aber stark, und nur acht U-Boote versenkten im September nicht weniger als 39 Schiffe mit 143 000 BRT. Im Gegensatz zur Lage in der „Windwärts-Passage" hielten die Erfolge bis zum November an und beliefen sich auf 17 Schiffe mit 82 000 BRT im Oktober und 25 Schiffe mit 150 000 BRT im November.

Auch die Gewässer vor Freetown versprachen Erfolg, obwohl sie nicht zur erhofften „Goldader" wurden. Und auf der anderen Seite des Südatlantiks wurde nach dem Kriegseintritt Brasiliens ebenfalls U-Boot-Krieg geführt. Hier ging es vor allem um die wertvollen Kühlschiffe, die England mit Lebensmitteln versorgten. Doch der wichtigste Bereich war der Seeraum vor Kapstadt, in dem noch nie zuvor deutsche U-Boote aufgetreten waren. Dönitz schickte eine Gruppe hin, weil er vom Überraschungseffekt und den Versenkungserfolgen überzeugt war. Da der Anmarschweg sechstausend Seemeilen betrug, mußten „Milchkühe" die Versorgung übernehmen. Mitte August liefen die großen IXC-Boote der Gruppe „Eisbär" aus und erreichten nach einer Versorgung im Südatlantik Kapstadt.

Doch die Überraschung trat nicht ein. Im Submarine Tracking Room der britischen Admiralität wußte man bereits vom Anmarsch der Boote und verlegte eilig alle Konvoirouten von Kapstadt weg. Anstatt reicher Beute fanden die Deutschen nur leere See vor. Gleichzeitig mit den IXC-Booten traf das erste Boot des neuen Typs IX D2 vor Kapstadt ein. Dieser Typ war aus dem Vorkriegskonzept des U-Kreuzers entstanden und hatte eine Wasserverdrängung von 1 616/1 804 Tonnen und einen Fahrbereich von 9 900 Seemeilen, wodurch er für Fernunternehmungen besonders geeignet war.

Fregattenkapitän Ernst Sobe versenkte mit *U 179* bei seinem ersten Angriff am 8. Oktober ein Schiff, wurde aber am selben Tag von dem Zerstörer *Active* vernichtet. Die Boote vom Typ IX C fanden zwar nur schwer Ziele, hatten aber viel Glück bei der Suche und versenkten bis Ende Oktober 24 Schiffe mit 161 000 BRT, darunter die als Truppentransporter eingesetzten großen Passagierdampfer *Oronsay* (24 043 BRT), *Orcades* (23.456 BRT) und *Duchess of Atholl* (20 119 BRT).

Diese und andere Erfolge waren nur dem Fehlen des Geleitschutzes zuzuschreiben. Die Verlegung der Routen hatte nicht genügt, denn die Schiffe waren ja noch zu finden, wenn die U-Boote nur konsequent suchten.

Die britische Admiralität handelte sofort und verlegte zwölf U-Jagd-Trawler aus den *Western Approaches* (Seegebiete im Westen von Irland und Großbritannien bis zum 15. Grad nördlicher Breite) nach Kapstadt. Achtzehn weitere, die im Februar an die US Navy verborgt worden waren, wurden zurückbeordert und zusammen mit Zerstörern und Korvetten der Halifax-Sicherungsgruppe sowie der Pazifik-Flotte nach Kapstadt geschickt. Doch es sollte fast ein Jahr dauern, bis alle diese Schiffe eingetroffen und schlagkräftige U-Jagdverbände aufgestellt waren. Dönitz' Entscheidung, Zeit und Treibstoff in Fernunternehmungen an den Schwachstellen des Gegners zu investieren, war richtig gewesen.

Mitte Oktober mußten die ersten IXC-Boote der Gruppe „Eisbär" den Rückmarsch antreten, dafür trafen drei neue Fern-U-Boote ein, die nicht nur vor Kapstadt operierten, sondern auch in den Indischen Ozean bis zur Straße von Mozambique vorstießen. Dabei versenkten sie 24 Schiffe mit 127 261 BRT, darunter wieder Truppentransporter, und störten die Schiffahrt derartig, daß der Hafen von Lourenço Marquez zweimal geschlossen werden mußte. Das hatte wiederum ernste Konsequenzen für den alliierten Treibstoffnachschub im Mittleren Osten.

Ab Mitte Dezember liefen gesicherte Geleitzüge von Durban nach Kapstadt. In diesem Monat wurden nur noch fünf Schiffe mit 23 251 BRT versenkt, und auch dieser „Paukenschlag" fand sein Ende. Diese Unternehmen waren von größtem Wert: zum einen wurden den Versenkungen im Nordatlantik weitere hinzugefügt, zum andern wurden alliierte Sicherungskräfte vom Hauptschauplatz an alle anderen Orte gezogen, wo kurzzeitige Erfolge erzielbar waren. Solange der BdU dem Gegner immer einen Schritt voraus war und sich sofort nach dem Aufbau des alliierten Geleitschuztes zurückzog, blieb er durch diesen „Guerillakrieg" mit den U-Booten der Achsenmächte im Kampf gegen die alliierte Schiffahrt überlegen.

Im zweiten Halbjahr 1942 waren die Versenkungen durch U-Boote der Achsenmächte - vorwiegend durch die deutschen - auf einer annehmbaren Stufe, obwohl die 700 000 BRT nicht erreicht wurden, die für notwendig angesehen wurden, die Alliierten in die Knie zu zwingen. Die Versenkungsziffern lauteten: Juli 93 Schiffe mit 454 535 BRT; August 105 Schiffe mit 517 295 BRT; September 97 Schiffe mit 472 653 BRT; Oktober 91 Schiffe mit 585 359 BRT; November 118 Schiffe mit 743 321 BRT und Dezember 59 Schiffe mit 315 673 BRT.

Die Gesamterfolge der Achsen-U-Boote im Jahr 1942 beliefen sich auf 1 160 Schiffe mit 6 266 215 BRT. Rechnet man die Erfolge der anderen Waffengattungen und der Verbündeten hinzu, kommt man auf 7 790 697 BRT. Im selben Zeitraum gingen 88 deutsche U-Boote verloren, das sind 8,9 Prozent der Frontboote. Von 393 in Dienst gestellten U-Booten standen 212 im Einsatz, verglichen mit 91 Einsatzbooten von den 259, die Anfang des Jahres in Dienst standen.

Die Alliierten ihrerseits hatten knapp über sieben Millionen Bruttoregistertonnen Handelsschiffraum neu gebaut, eine Zahl, die den Deutschen nicht genau bekannt war. Das Jahr schloß also mit einem leichten Vorteil der Deutschen im Tonnagekrieg.

Ende 1942 war die Entscheidung im Kampf um die Seeherrschaft, von welcher der Ausgang des Krieges entscheidend abhing, immer noch nicht gefallen.

Der Höhepunkt der Schlacht: März 1943

Anfang 1943 führte das Schlechtwetter zum Erliegen des U-Boot-Krieges, die Stürme, die bereits während der Herbstmonate den Atlantik leergefegt hatten, wuchsen zum Inferno. Der Betrieb eines in schwerer See stampfenden U-Bootes war eine anstrengende und gefährliche Aufgabe. Die Brückenwache mußte sich anschnallen, um nicht über Bord gespült zu werden, und ein Feststellen der Position war fast unmöglich. Sonne und Sterne waren hinter Wolken verborgen, astronomische Ortsbestimmung fiel also aus, und das Mitkoppeln von Fahrtstrecke und Kurs war gerade bei den durch Schlechtwetter verursachten Abdriften recht ungenau. Hält man sich das alles vor Augen und bedenkt, daß es den Engländern ab der Jahreswende 1942/43 wieder gelungen war, den Nordatlantik-U-Boot-Funkschlüssel „Triton" zu brechen, so nimmt es nicht wunder, daß 164 Frontboote in den ersten beiden Januarwochen keinen einzigen Geleitzug sichteten.

Während die U-Boote ihre Zeit mit dem Kampf gegen die Elemente und die Einsamkeit verbrachten, spielten sich auf beiden Seiten hinter den Kulissen entscheidende Dinge ab.

Am 14. Januar begann die alliierte Konferenz von Casablanca. Dort wurde angesichts der hohen Verluste von Frachtraum und der Unmöglichkeit, diesen durch Neubauten zu ersetzen, beschlossen, die U-Boote niederzukämpfen. Die Alliierten erkannten klar die Bedeutung der an oberster Stelle rangierenden U-Bootbedrohung. Dönitz hatte lange und vergeblich versucht, seine Vorgesetzten von der gleichen Priorität zu überzeugen. Die Alliierten erkannten, daß ihr Plan einer Invasion in Europa fehlschlagen mußte, wenn der Ozean, über den aller Nachschub fließen mußte, nicht ein für allemal von der U-Bootplage befreit wurde. Das Erreichen dieses Zieles erhielt höchste Dringlichkeitsstufe, der alle alliierten Quellen erschlossen wurden. Zum Glück für die Deutschen führte diese eindrucksvolle alliierte Entscheidung nur zu dem Ergebnis, daß die deutschen U-Bootstützpunkte in Frankreich bombardiert wurden. Man hatte erkannt, daß es unmöglich war, die U-Bootbunker selbst durch Bomben zu zerstören und ging zum Flächenbombardement der umliegenden Anlagen und Städte über.

In der Nacht vom 15. auf den 16. Januar griffen 101 Flugzeuge den Hafen von Lorient an, in der nächsten Nacht folgte ein weiterer Angriff von 131 Maschinen. Am nächsten Tag wollten die Amerikaner die Wirkung noch verstärken und unternahmen einen Punktangriff auf den dortigen U-Boot-Bunker. Auch St. Nazaire wurde heftig angegriffen. Trotz zweier schriftlicher Proteste des Oberbefehlshabers des *RAF Bomber Command* des Inhalts, daß seine Angriffe keinerlei Beitrag zur Niederringung der U-Boote brachten, wurden die Angriffe mit gleicher Intensität bis in den Mittsommer des Jahres fortgesetzt. In der zweiten Jahreshälfte folgten dann nur noch sporadische Bombenangriffe.

Diese Bombenangriffe waren eine gigantische Verschwendung. Das Flächenbombardement hatte keinerlei Auswirkung auf die Bauprogramme, und die Punktangriffe beschädigten kein einziges U-Boot, nicht einmal ein einziger Bunker wurde durchschlagen.

Auf deutscher Seite wurde im Januar die Führungsspitze der Kriegsmarine umbesetzt. Die Beziehungen zwischen Hitler und Raeder waren nie besonders herzlich gewesen. In der Lagebesprechung vom 6. Januar hatte Hitler über die Art getobt, wie die schweren Kreuzer *Lützow* und *Admiral Hipper* an Silvester 1942 erfolglos das englische Arktis-Geleit *JW 51 B* angegriffen hatten. Raeder wurde 90 Minuten lang beschimpft und konnte sich kaum verantworten; schließlich wurde er mit dem Auftrag entlassen, die

Außerdienststellung aller schweren deutschen Kriegsschiffe auszuarbeiten. Nach einer Woche legte Raeder eine Denkschrift vor, mit der er den Führer von seiner Entscheidung abbringen wollte. Doch Hitler blieb unbeirrbar. Am 30. Januar trat Raeder zurück, und Hitler ernannte als seinen Nachfolger Dönitz zum Oberbefehlshaber der Kriegsmarine. Der wichtigste Aspekt dieser Ernennung war, daß Dönitz viel zu klug war, seine anscheinenden Vorteile auszunützen. Er begab sich nicht aus dem Zentrum des Geschehens auf das Gebiet der abstrakten Politik, sondern blieb nach wie vor Befehlshaber der U-Boote. In dieser Personalunion konnte er die Forderungen der U-Bootwaffe vertreten - die er als kriegsentscheidendes Instrument ansah –, und Einfluß auf deren Operationen behalten. Die Tagesarbeit überließ er seinem Stabschef Konteradmiral Eberhardt Godt. Da er aber wußte, daß außer ihm kein anderer höherer Offizier die erforderlichen Kenntnisse und Erfahrungen besaß, behielt er sich die Verantwortung über die Art der U-Bootkriegführung vor. Später gelang es ihm, Hitler von der Außerdienststellung der schweren Einheiten der Kriegsmarine abzubringen.

Während das Wetter im Nordatlantik Operationen unterband, lief weiter im Süden, wo das Wetter nicht so extrem war, die Gruppe „Delphin“ auf der Großkreisroute von Marokko nach New York zu, um den Nachschubverkehr für die in Nordafrika gelandeten Truppen abzufangen. Doch es war ein anderes Boot, *U 514* (Hans-Jürgen Auffermann), das am 3. Januar das nach Nordost laufende Tankergeleit *TM 1* sichtete, das allem Anschein nach Treibstoff für diese Truppen beförderte. Das Boot beschädigte einen Tanker und verlor dann den Kontakt. Hierauf traf Dönitz eine seiner kühnsten Entscheidungen: Gegen die Einwände seiner jüngeren Offiziere, die empfahlen, mit der Gruppe „Delphin“ einen anderen gemeldeten Geleitzug anzugreifen, befahl er acht Booten die Bildung eines Suchstreifens. Die Entfernung betrug fast tausend Seemeilen, die Chance der Auffindung war nicht allzu groß. Doch das Ziel war ungeheuer: Ein Treibstoffgeleit zu stoppen, war angesichts der Auswirkungen auf die Bodentruppen eine der größten Gelegenheiten, die sich einem U-Bootrudel bieten konnte. Einige Tage lang suchten die Boote vergeblich, bis sich Dönitz' Kühnheit am Abend des 8. Januar bezahlt machte. Der Konvoi lief geradewegs in den Suchstreifen, die U-Bootkommandanten nahmen diese Gunst des Schicksals freudig an. Bis zum 11. versenkten sie acht des aus neun Tankern bestehenden Geleits ohne eigene Verluste. Das Unternehmen war von der Konzeption, der Ausführung und der Wirkung her überragend. Generaloberst von Arnim, der deutsche Befehlshaber in Nordafrika, wußte, was der Verlust dieses Treibstoffes für die alliierten Armeen in Nordafrika bedeutete und sandte Dönitz ein Danktelegramm.

Die ersten größeren Erfolge im Nordatlantik setzten Ende Januar ein, als sich das Wetter besserte. Aus dem schnellen Konvoi *HX 224* wurden drei Schiffe versenkt. Unter den Überlebenden fischten die Deutschen einen englischen Offizier auf, der ihnen von einem weiteren Geleitzug erzählte, der mit zwei Tagen Abstand folgte. Diese Mitteilung war von unschätzbarem Wert. Ein Suchstreifen aus 20 U-Booten wurde gebildet, und die Information stellte sich als richtig heraus. Der aufgefaßte Konvoi *SC 118* bestand aus 64 Frachtern mit wertvollem Kriegsmaterial, die von zwölf Kriegsschiffen geschützt wurden. Es entwickelte sich eine heftige Schlacht, bei der drei Viertel der U-Boote mit Wasserbomben angegriffen wurden. Drei U-Boote wurden versenkt und zwei beschädigt, aber das Rudel versenkte zwölf Schiffe mit fast 60 000 BRT.

Bei dieser Begegnung trug die fehlende Ausbildung der Geleitfahrzeuge Schuld am Erfolg der U-Boote. Der Wert solider Ausbildung und Erfahrung zeigte sich bei der Sichtung des nächsten Geleitzuges am 17. Februar. Unter den Geleitfahrzeugen waren die beiden kampferprobten Zerstörer *Fame* und *Viscount*, die bereits während der Angriffe auf das Geleit *SC 104* im Oktober 1942 zwei deutsche U-Boote versenkt hatten. Wegen des schlechten Wetters kamen nur zwei U-Boote zum Angriff, die beide prompt versenkt wurden: *Fame* versenkte *U 201* (Günther Rosenberg) und *Viscount* versenkte *U 69* (Ulrich Gräf).

Mit der einsetzenden Wetterbesserung und der wachsenden Anzahl von Frontbooten stiegen auch die Versenkungen. Ab 21. Februar wurde vier Tage hindurch das Geleit *ON 166* angegriffen und verlor elf Schiffe mit 69 080 BRT. Dann wurde der Geleitzug *ON 167* gesichtet und angegriffen. Am 27. Februar wurde das schnelle Geleit *HX 227* angegriffen und verlor zwei Schiffe mit 14 352 BRT.

Im Januar 1943 waren 42 Schiffe mit 218 449 BRT versenkt worden, die Februarergebnisse wiesen mit 380 835 BRT eine gute Zunahme auf.

Diese Resultate waren zu einem Gutteil auf die Arbeit des deutschen Funkbeobachtungsdienstes (B-Dienst) zurückzuführen, unablässig waren Codeknacker dabei, die Anweisungen an die alliierten Konvois aufzufangen und auszuwerten. Teilweise konnte man auch in den gegnerischen Code einbrechen. Zur gleichen Zeit waren die Alliierten emsig daran, den Funkverkehr zwischen dem BdU und seinen U-Booten zu entschlüsseln. Oft hoben sich die Maßnahmen gegenseitig auf. Kaum hatten sich die Alliierten die möglichen Aufmarschorte der deutschen U-Boote überlegt und ihre Geleitzüge dementsprechend umgeleitet, arbeitete der B-Dienst daran, die U-Boote wieder auf die richtige Fährte zu setzen. Die Engländer entschlüsselten wiederum die neuen deutschen Anweisungen und leiteten ihrerseits das betreffende Geleit abermals um. So verwendeten beide Seiten die Anstrengungen und Konzentration ihrer besten Köpfe in diesem komplizierten, aber lebensnotwendigen Nachrichtendienstspiel.

Als Beispiel dafür mag dienen, wie der B-Dienst am 9. März den Standort des schnellen Geleitzuges *HX 228* ermittelte, der geradewegs auf ein einige hundert Seemeilen entfernt stehendes U-Bootrudel zufuhr. Die U-Bootführung versuchte sich nun in die Lage des Gegners zu versetzen, eine oft angewendete und erfolgreiche Taktik. Man überlegte, daß die Alliierten inzwischen über den

Standort der U-Boote Bescheid wüßten und das Geleit weiter nach Norden umdirigiern würden. Daher wurden auch die U-Boote nach Norden geschickt. Das Geleit war aber nicht nach Norden umdirigiert worden und fuhr im Süden vorbei.

Hatten sich die U-Boote selbst ausgetrickst? Wußten die Alliierten doch nichts von der Anwesenheit der U-Boote? Oder hatten sie den Kursbefehl der U-Boote entziffert und deswegen ihren Kurs unverändert gelassen? Oder hatte einer versucht, den anderen zu übertölpeln, hatte man angenommen, daß Dönitz einer Verlegung des Geleits nach Norden zuvorkommen wollte und war deswegen im Süden geblieben? Nach Freigabe der „Ultra"-Dokumente werden wohl noch einige Historikergenerationen damit zu tun haben, dieses nachrichtendienstliche Schattenboxen um jeden Geleitzug im Detail aufzuklären. Jedenfalls eilten einige U-Boote wieder nach Süden und versenkten aus dem *HX 228* vier Schiffe und den Zerstörer *Harvester*. Der Zerstörer hatte am 11. März *U 444* (Albert Langfeld) vernichtet, wurde dann ein Opfer von *U 432* (Hermann Eckhardt), das dann ebenfalls noch am selben Tag versenkt wurde.

Der deutsche B-Dienst spielte eine wichtige Rolle beim Ansetzen der U-Boote auf zwei Konvois, woraus sich zwei der blutigsten Geleitzugschlachten des Seekriegs entwickeln sollten. Die deutsche Funkaufklärung war teilweise in den britischen Code eingebrochen und gab an den BdU einen entschlüsselten Funkspruch weiter, des Inhalts, daß das schnelle 40-Schiff-Geleit *HX 229* am 13. März südöstlich von Kap Race stehen und Kurs 89 Grad steuern würde. Am nächsten Tag wurde entschlüsselt, daß das langsame 40-Schiff-Geleit *SC 122* ab einem bestimmten Punkt Kurs 122 Grad steuern würde.

Die Boote, die am Angriff gegen *HX 228* teilgenommen hatten, liefen gerade in breitem Suchstreifen nach Westen. Zwölf wurden zur Gruppe „Raubgraf" zusammengefaßt und auf einen Kurs gelegt, der sie zum östlichen der beiden Konvois, *SC 122*, führen sollte. Ihre erste Sichtung am 15. März war ein ostwärts laufender Zerstörer, der aber nichts mit dem Geleit zu tun hatte. Die anderen in Frage kommenden U-Boote wurden zu zwei weiteren Gruppen zusammengefaßt. Siebzehn von anderen Operationen abgezogene Boote und vier neu aus der Biskaya anmarschierende formierten die Gruppe „Stürmer". Neun andere und zwei frische U-Boote bildeten die Gruppe „Dränger".

U 653 (Hans-Albrecht Kandler), das mit Maschinenschaden auf dem Rückmarsch war, sichtete am 16. März plötzlich einen der Geleitzüge. Dönitz schloß aus der Meldung auf den *SC 122* und beorderte die gesamte Gruppe „Raubgraf", elf Boote der Gruppe „Stürmer" und zwei frisch aus „Milchkühen" mit Öl versorgte Boote an den Schauplatz.

Die Annahme beruhte auf einer Fehlinterpretation des B-Dienstes. Er hatte ein Signal der britischen Admiralität so ausgewertet, daß *HX 229* nicht in diesem Seeraum stand. Ferner ging es um eine Nordverlegung der Konvoiroute, um den U-Booten auszuweichen. Anscheinend war es ein Köderfunkspruch, der aber seine Aufgabe voll erfüllte. Die Gruppe „Dränger" und die restlichen „Stürmer" Boote wurden nach Norden geschickt.

In Wirklichkeit war das schnelle Geleit *HX 229* gesichtet worden, mit dem die „Raubgrafen" jetzt allein fertig werden mußten. Da die Sicherung lediglich aus vier Zerstörern und einer Korvette bestand, war das Einsickern in den in elf Kolonnen laufenden Konvoi recht leicht. Die Schlacht wurde am 16. März um 22.00 Uhr durch *U 603* (Hans- Joachim Bertelsmann) eröffnet, das einen konventionellen und drei FAT-Torpedos abschoß. Ein FAT versenkte den Norweger *Elin K.* Kurze Zeit später schoß *U 758* (Manseck) an der Steuerbordflanke des Geleits zwei konventionelle und zwei FAT-Torpedos, versenkte damit den Holländer *Zaanland* und beschädigte den Amerikaner *James Oglethorpe*, der später seinen Fangschuß erhalten sollte.

Alle Zerstörer bis auf einen blieben bei den Sinkenden zurück, um Überlebende zu bergen. Der einzelne Zerstörer raste durch den Konvoi und versuchte das Gemetzel zu verhindern, doch die U-

Boote konnten sich in Ruhe ihre Opfer aussuchen. *U 435* (Siegfried Strelow) beschädigte den Amerikaner *William Eustis*, der ebenfalls später noch den Fangschuß erhielt. Strelow drehte ab, um die Bugrohre nachzuladen und schoß um 02.30 Uhr zwei G 7e mit Magnetpistole und zwei FAT. Nach längerer Zeit hörten er und seine Besatzung vier Detonationen und freuten sich über vier weitere Treffer. Es handelte sich aber um Wasserbombendetonationen und um *U 91* (Walkerling), das auf der anderen Seite des Geleits den Amerikaner *Mathew Luckenbach* versenkt hatte.

U 600 (Bernhardt Zurmühlen) schaffte es, unentdeckt an Steuerbord einzudringen und alle fünf Torpedos abzuschießen - einen auf den Engländer *Nariva*, zwei auf den Amerikaner *Irenée du Pont* und einen auf das englische Walfangmutterschiff *Southern Princess*. *U 616* (Siegfried Koitschka) versuchte von vorn einzusickern und sah sich plötzlich dem einzigen Zertörer gegenüber. Koitschka schoß aus nächster Entfernung einen Viererfächer, blieb aber unentdeckt. Er war sicher, den Zerstörer versenkt zu haben, doch dieser konnte noch im letzten Moment abdrehen und ausweichen.

Die beiden Gruppen „Stürmer" und „Dränger" liefen immer noch nach Norden, um jenes Geleit abzufangen, an dem die „Raubgrafen" bereits erfolgreich operierten. Dabei stießen sie in der Nacht des 16. März auf das langsame Geleit *SC 122*, das 120 Seemeilen vor dem schnellen Halifax-Geleit stand und aus 52 Schiffen bestand. Zwei Frachter waren nach New York zurückgekehrt und sechs hatten vor dem aufkommenden Weststurm Schutz in Halifax gesucht. Das Geleit war stärker gesichert als der *HX 229*. Zwei Zerstörer, eine Fregatte und sechs Korvetten liefen mit. Mit Ausnahme eines einzigen, konnten sie alle U-Boote abweisen. Doch dieses eine, *U 338* unter Kapitänleutnant Manfred Kinzel, schlug voll zu. Kinzel eröffnete seinen Angriff mit einem Zweierfächer auf die siebente Frachterkolonne. Schon dieser erste Fächer traf, und die Dampfer *Kingsbury* und *King Gruffydd* sanken. Mit einem zweiten Fächer versenkte das Boot den Holländer *Aldera-*

min. U 338 drehte ab und schoß einen Hecktorpedo auf die *Glenapp*, das Schiff des Geleitzugkommodore. Der Torpedo ging jedoch vorbei und versenkte die *Fort Cedar Lake.*

Aus den im Laufe des 17.März eingehenden U-Bootfunksprüchen erfuhr Dönitz, daß zwei verschiedene Geleitzüge aufgebracht und angegriffen worden waren. Die Situation war so unübersichtlich, daß der BdU nicht alle Boote auf ein Geleit ansetzte, sondern die Jagd freigab. Von diesem Tag an erhielt das langsame Geleit Luftsicherung durch „Liberator"-Bomber von Island und Nordirland aus. Während des Tages wurden alle 28 deutschen U-Boote durch die Flugzeuge unter Wasser gedrückt und verloren den Kontakt. Nur Kinzel mit seinem *U 338* blieb am Geleit und fügte seinen Erfolgen der vergangenen Nacht noch die Versenkung der *Granville* hinzu.

Doch das Geleit *HX 229* war noch außerhalb der Luftsicherung, schwach gesichert, und nach der Panik der ersten Nachtangriffe weit verstreut. Tagsüber gingen die Angriffe weiter, und wie bereits erwähnt, wurden die Havaristen *Oglethorpe* und *William Eustis* durch Fangschüsse von *U 91* (Walkerling) versenkt. *U 384* (Achim von Rosenberg-Gruszcynski) versenkte den Engländer *Coracero* und *U 631* (Jürgen Krüger) den Holländer *Terkoelei.* Das Geleit fuhr nun durch jenes Seegebiet, welches der langsame Vorgänger während der Nacht passiert hatte, und einige ohne Besatzung treibende Frachter wurden versenkt. Es war gerade diese Art der Doppelangriffe, nach denen sowohl jenes Boot, das den ersten Treffer erzielte, als auch jenes, das den Fangschuß abgab, Versenkungen meldeten, die zu einer Überschätzung der tatsächlichen Versenkungsziffern führten.

Am späten Nachmittag trafen die vom Gegner heißersehnten „Liberators" über dem *HX 229* ein und zwangen alle am Geleit stehenden U-Boote unter Wasser. Außerdem hatten sich die meisten verschossen und waren am Ende ihrer Treibstoffvorräte. Sie mußten den Rückmarsch antreten oder zur Beölung durch U-Tanker ablaufen.

In der Nacht wurde der *SC 122* wieder angegriffen. *U 305* (Rudolf Bahr) torpedierte die *Port Auckland* und die *Zouave*, bevor es vor einem Zerstörer wegtauchen mußte. Als es um 23.41 Uhr wieder auftauchte, war die *Zouave* bereits gesunken, und *Port Auckland* trieb hilflos dahin. Kapitänleutnant Bahr schoß noch einen Torpedo in den Havaristen, der mit einer schwarzen Sprengwolke im Maschinenraum hochging. Dann feuerte *U 338* (Kinzel) noch einen vierten Torpedo in die unglückliche *Port Auckland*, so daß das quer zur See treibende Wrack schließlich entzweibrach und versank. Während der Tagesstunden des 18. März war das langsame Geleit besser durch Sicherungsfahrzeuge und Flugzeuge geschützt, so daß kein U-Boot zum Schuß kam.

Der *HX 229* war weniger stark gesichert, so daß *U 221* (Hans Trojer) den dünnen Sicherungsschirm durchbrechen konnte. Um 15.52 Uhr schoß Trojer seine fünf Torpedos ab und traf die *Walter O. Gresham* und die *Canadian Star*.

Während der Nacht hatte das Schnellgeleit das langsame eingeholt, und beide bildeten ein riesiges Melée. Zu diesem Zeitpunkt waren die Schiffe für die angreifenden U-Boote bereits nicht mehr auseinanderzuhalten. Als die Flugzeuge abends heimflogen, griffen die U-Boote mit wechselndem Erfolg erneut an. *U 666* (Stengel) und *U 441* (Klaus Hartmann) verschossen alle ihre Torpedos, ohne zu treffen. *U 608* (Struckmeier) schoß einen Dreierfächer auf den Zerstörer *Highlander*, der aber rechtzeitig abdrehen konnte. *U 666* hatte beim nächsten Anlauf mehr Glück und torpedierte den Frachter *Carras*, der von seiner Besatzung verlassen wurde und später von *U 333* (Schwaff) den Fangschuß erhielt.

Am 19. März wurde mit Tagesanbruch die Luftsicherung so stark, daß die U-Boote nicht mehr dagegen ankamen. *U 384* (von Rosenberg-Grusczynski) wurde durch eine „Liberator“ versenkt. Den anderen Booten wurde der Abbruch der Angriffe befohlen, nur noch Havaristen und Nachzügler sollten angegriffen werden. Auf diese Weise gingen noch die *Mathew Luckenbach* und die *Carras* verloren.

U 384 war der einzige Verlust dieser Operation geblieben, *U 631* und *U 441* waren trotz des Rückzugsbefehls am Geleit geblieben und wurden durch Wasserbomben so schwer beschädigt, daß sie den Rückmarsch antreten mußten.

In den fünf Tagen und Nächten dieses heftigen Kampfes waren 21 Schiffe mit 140742 BRT versenkt worden. Es war ein großer Sieg für die deutschen U-Boote, der einem aufsehenerregend erfolgreichen Monat sein Gepräge gab.

In den ersten drei Märzwochen wurden über eine halbe Million Tonnen alliierten Frachtraumes versenkt. Als die britische Admiralität später die Bedeutung dieser Wochen untersuchte, kam sie zu dem Schluß, daß „... die Deutschen der Unterbrechung der Verbindungen zwischen der Neuen und der Alten Welt niemals so nahe gewesen waren, wie in den ersten zwanzig Tagen des März 1943“.

Abgesehen von der Größenordnung der Verluste war eines der unangenehmsten Ergebnisse dieser Periode die Tatsache, daß zwei Drittel dieser Schiffe aus Geleitzügen heraus versenkt wurden.

War es den deutschen U-Booten gelungen, das Geleitzugsystem zu brechen? Würden sie die Alliierten zwingen, davon abzugehen? Und wenn ja, wodurch sollte es ersetzt werden? Der „Paukenschlag“ vor der amerikanischen Küste hatte gezeigt, welches Blutbad dann unter den Einzelfahrern angerichtet würde.

Zu dieser Zeit schien es, als wären die U-Boote durchaus dazu imstande, die Schlacht im Atlantik zu gewinnen. Wenn die nächsten Wochen dieses gigantischen Duells weiterhin solche Versenkungen brachten, würden die Lebensadern der Alliierten unterbrochen und der Nachschub an Rohmaterial, Treibstoff und Nahrungsmitteln zum Erliegen gebracht. Die Bereitstellung von Truppen, Nachschub und Vorräten für die geplante Invasion in Europa wäre dann vereitelt worden. Wäre den U-Booten das Kriegsglück weiterhin hold, dann konnten sie langsam, aber unausweichlich den Sieg der Achsenmächte herbeiführen.

Vom Sieger zum Verlierer

Die folgenden Wochen brachten allerdings keine vergleichbaren Erfolge. Dönitz plante zwar nicht nur weitere Operationen gegen die Nordatlantikgeleitzüge sondern auch Angriffe in der Karibik und vor der amerikanischen Ostküste, doch es wurden nur bescheidene Erfolge erzielt.

Ende März ereignete sich ein bedeutungsvoller Vorfall, als ein U-Boot einen mit einem Geleit laufenden Flugzeugträger sichtete. Seine Flugzeuge verhinderten, daß dieses und andere Boote zum Angriff kamen. Schon im Jahre 1941 war der englische Geleitflugzeugträger *Audacity* auf der Gibraltar-Route eingesetzt gewesen und im Dezember dieses Jahres durch ein U-Boot versenkt worden, doch nun, im Frühjahr 1943, kam es zum ersten Auftreten eines Geleitflugzeugträgers in einem Transatlantik-Konvoi. In jener Zeit mußten die meisten U- Boote wegen Treibstoffmangels ihre Operationen beenden, nur eine Gruppe blieb in See, um den vor knapp zwei Wochen erzielten Erfolg fortzusetzen. Anläßlich des Angriffes auf das nächste ostlaufende Halifax-Geleit sichtete auch diese Gruppe einen Flugzeugträger. Seine Flugzeuge orteten und bekämpften die angreifenden Boote mit dem Ergebnis, daß nur sechs Frachter versenkt wurden.

Mit dieser Luftsicherung konnten die Alliierten nun recht überraschend die „Sicherungslücke" schließen.

Das war aber noch nicht alles. Ab Ende März konnten die U-Jagdgruppen, die im September und Oktober 1942 aufgestellt worden waren, in genügender Anzahl bereitgestellt werden. Damals konnten diese Fahrzeuge noch nicht im Nordatlantik eingreifen, weil sie die Landung in Nordafrika schützen mußten. Nun waren sie verfügbar und wurden zum Schrecken der U-Boote. Diese sogenannten „Support Groups“ bestanden aus einigen U-Jägern mit gut ausgebildeten und kampferprobten Besatzungen. Sie gehörten zu keinem bestimmten Konvoi, sondern streiften unabhängig umher, immer bereit, einem in Gefahr befindlichen Geleitzug zu Hilfe zu kommen. Die deutschen U-Boote bekamen nun zu spüren, daß diese U-Jagdgruppen ihrem Kampf nicht mehr abbrechen mußten, um zum Geleit zurückzukehren. Sie konnten sich unglaublich lange auf ihre Wasserbombenangriffe konzentrieren, bis ein Ölfleck oder Wrackstücke das Ende des U-Bootes anzeigten.

Die Engländer gingen in der Luftsicherung ihrer Geleitzüge noch weiter, indem sie Tanker und Getreidefrachter mit einem behelfsmäßigen Flugdeck versahen und ihnen drei oder vier „Swordfish“-Maschinen mitgaben. Diese Flugzeuge konnten wieder landen und neu betankt werden und waren eine weit gefährlichere Waffe als die „Einweg-Hurricanes“ der „Catapult Aircraft Merchantmen“ im Sommer 1941.

Mitte April trafen wieder Boote an der Front ein und füllten das „Vakuum“, das nach der gleichzeitigen Rückkehr so vieler Boote eingetreten war. Nun schien eine Wiederholung der März-Erfolge möglich. Als ersten Geleitzug gingen die U-Boote *HX 233* an, der auf der Südroute nur 400 Seemeilen nördlich der Azoren lief. Schönes Wetter und ruhige See erleichterten dem Geleitschutz und einer „Support Group“, die U-Boote zu orten. Die Begegnung endete unentschieden: die 7 134 BRT große *Fort Rampart* und *U 175* (Heinrich Bruns) wurden versenkt.

Das nächste schnelle Geleit, *HX 234*, lief weit im Norden, um einem vermuteten U-Bootrudel auszuweichen. Doch Dönitz konnte mit frischen Booten eine neue Gruppe formieren, die ab 21. April drei Tage lang angriff. Diesmal trafen die U-Boote auf Schlechtwetter: Nebel, Schnee- und Hagelschauer unterbrachen die Sicht. Fast schien es, als brauchten die deutschen U-Boote Schönwetter und gute Sicht zum Angriff. Das Geleit verlor drei Frachter, aber auch zwei U-Boote gingen verloren.

Ende April standen im Seeraum südlich Irland genügend U-Boote, um mehrere weiträumige Suchstreifen gegen den vom B-Dienst östlich von Kap Farewell gemeldeten Geleitzug *ONS 5* aufzubauen. Dann trat ein Wettersturz ein, der jeden Waffeneinsatz unmöglich machte. In der Nacht zum 4. Mai trat dann eine Wetterbesserung ein, und das verstreute Geleit sammelte sich. Aber auch die U-Boote schlugen zu und versenkten fünf Frachter. Trotz des Eingreifens einer „Support Group" wurden am nächsten Tag weitere vier Handelsschiffe versenkt. Bei Einbruch der Dunkelheit griffen die U-Boote mit unverminderter Heftigkeit an: Mehr als zwei Dutzend Torpedoangriffe brachten die Frachterbesatzungen an den Rand ihrer Ausdauer und Nervenkraft. Erstaunlicherweise wurde aber kein einziges Schiff versenkt.

Die Sicherungsstreitkräfte kämpften mit noch nie dagewesenem Einsatz und versenkten vier deutsche U-Boote. Als der Konvoi die sicheren amerikanischen Häfen erreicht hatte, fehlten ihm 13 Schiffe mit 60 174 BRT, allerdings waren auch sieben deutsche U-Boote verlorengegangen.

Trotz dieser unbefriedigenden Ergebnisse formierte Dönitz seine Kräfte sofort für einen neuen Angriff, der aber auch nicht viel einbrachte. Der schnelle Geleitzug *HX 237* fuhr unter dem Luftschirm des englischen Geleitträgers *Biter*, und die U-Boote versenkten lediglich drei Schiffe bei drei eigenen Verlusten. Als *HX 237* in den Bereich der Küstenluftwaffe kam, wurde die *Biter* zum langsamen Geleit *SC 129* abkommandiert, welches von einem anderen U-Bootrudel bedroht wurde. Zwei Frachter und zwei U-Boote sanken.

Im Moment stand der Kampf unentschieden, doch die U-Boote blieben weiter die Verlierer. Der Beschützer ihrer nächsten Opfer, der Frachter des Geleits *HX 230*, verpaßte ihnen die nächste Abreibung. Vom 15. bis zum 20. Mai griffen nicht weniger als vier U-Bootrudel an, versenkten kein einziges Schiff, verloren aber fünf U-Boote. Wie sich später herausstellte, sollte *SC 130* einer der letzten Geleitzüge sein, der in großem Stil von U-Booten angegriffen wurde, da der BdU Verluste dieser Größenordnung nicht hinnehmen konnte. Angesichts der bewiesenen Fähigkeit der gegnerischen Flugzeuge, die U-Boote mit dem neuen Zentimeterwellen-Radar ASV Mark III präzise zu orten, und angesichts der tödlichen Geschicklichkeit, mit der die Überwasserschiffe diese Ortungen weiter verfolgten, erkannte Dönitz, daß er sich - zumindest vorübergehend - aus der Schlacht im Atlantik zurückziehen mußte. Solange seine U-Boote den neuen Gegebenheiten nicht angepaßt waren, war keine Aussicht auf ein neues Beginnen. Am 24. Mai zog der BdU seine U-Boote von den Konvoirouten zurück.

An diesem Tag wurde die Schlacht im Atlantik von den Alliierten gewonnen. Für die deutsche U-Bootwaffe aber war die Zeit der großen Siege vorbei.

Es war verwirrend für die deutsche U-Bootführung, daß sich das Kriegsglück nach so entscheidenden Erfolgen wie gegen die beiden Geleitzüge *HX 229* und *SC 122* im März 1943 so plötzlich und vollständig gewendet haben sollte. Innerhalb von nur acht Wochen hatte sich der absehbare Sieg der U-Boote zur Tatsache des Fehlschlages entwickelt. Nun waren *sie* in der Defensive, und die U-Bootjäger hatten die Situation eisern im Griff.

Rückblickend ist es kar, daß das, was der U-Bootwaffe seinerzeit als Andeutung des Abstieges erschien, in Wirklichkeit der letzte große heldenhafte Kampf einer sterbenden Waffe war. Denn schon vor dem März 1943 hatten die Alliierten Schritte unternommen, die das Ende der U-Bootsiege einleiteten.

Nach den Erfolgen in Nordafrika war eine große Zahl von Geleitschiffen für die Schlacht im Atlantik freigeworden. Hunderte von Männern warteten begierig darauf, an der Jagd auf die deutschen U-Boote teilzunehmen. Die Deutschen zogen ihr U-Bootbauprogramm konsequent und energisch durch, besaßen aber am Schluß nur eine große Zahl konventioneller Unterseeboote, die sie in den Kampf um die Beherrschung der See werfen konnten. Die Alliierten hatten alles darangesetzt, den Männern draußen auf See das modernste und beste Gerät in die Hand zu geben, das militärischer Erfindergeist ersinnen konnte. Die Deutschen hingegen hatten es mit einer für sie eher ungewöhnlichen Trägheit versäumt, alle Kräfte auf die wissenschaftliche Entwicklung zu konzentrieren, so daß sie mit den Alliierten nicht mehr Schritt halten konnten und schließlich im Kampf um die technische Vorherrschaft ins Hintertreffen gerieten. Bevor sie noch diesbezügliche Anstrengungen unternehmen konnten, waren die durch ihren Sieg in Nordafrika motivierten Alliierten darangegangen, die Verluste des März wettzumachen und mit ihrem erstarkenden Kriegspotential den deutschen U-Booten ein für allemal den Garaus zu machen.

Bereits zu Anfang des Jahres hatten einige Vorfälle im Golf von Biskaya Dönitz einen Hinweis auf die zu erwartende Wucht des Kampfes gegeben. Im Februar war das südlich Irland über Wasser marschierende *U 519* (Günther Eppen) von einer amerikanischen „Liberator" versenkt worden, ohne daß das „Metox" angesprochen hatte. Einige Wochen später machte *U 333* (Cremer) dieselbe Erfahrung in der Biskaya. Er wurde ohne Vorwarnung von einer „Wellington" angegriffen, konnte sich aber wehren und den Angreifer abschießen. Cremer bestätigte, daß sein Radar-Warnempfänger „Metox" nicht angesprochen hatte. Damit zeichnete sich immer deutlicher ab, daß die alliierten Flugzeuge über ein neues Ortungsgerät verfügen mußten. Es war das auf nur 10 Zentimeter Wellenlänge arbeitende Schiffssuchgerät ASV Mark III, das seit Ende 1942 aus dem Bombenzielradar H2S entwickelt worden war und nun endlich in großer Zahl zur Truppe kam.

Der BdU kam zu dem Schluß, daß die Alliierten ein neuartiges Radargerät hatten, und befahl am 3. März allen U-Booten, im Falle einer Ortung sofort wegzutauchen und mindestens 30 Minuten unter Wasser zu bleiben. Da das Metox-Gerät aber auf 1,5 Metern Wellenlänge arbeitete, war es nutzlos, und die deutschen U-Boote wurden oft völlig überraschend aus der Luft angegriffen. Das als Notmaßnahme angeordnete Wegtauchen half den Alliierten insofern, als die getauchten U-Boote mehr oder weniger hilflos und sehr langsam waren.

Die zunehmende Unterlegenheit zeichnete sich noch deutlicher ab, als am 22. März 1943 ein U-Boot versenkt und ein weiteres beschädigt wurde. Diese alarmierende Entwicklung setzte sich im April fort, als *U 376* (Friedrich Marks) am 10. versenkt und ein weiteres Boot beschädigt zur Rückkehr gezwungen wurde. Im Mai begannen die Verluste in der Biskaya erschreckend anzusteigen: am 2. Mai *U 332* (Eberhard Hüttemann), am 7. Mai *U 109* (Joachim Schramm) und *U 663* (Heinrich Schmid), die alle bei Tage von patrouillierenden Flugzeugen gebombt und versenkt wurden. Am 15. Mai versenkte eine „Halifax" den U-Tanker *U 463* (Wolfbauer) und riß damit eine empfindliche Lücke in das Versorgungssystem.

Eingedenk des Erfolges von *U 333* und der Erkenntnis, daß wegen der fehlenden Radar-Frühwarnung nicht rechtzeitig weggetaucht werden konnte, befahl Dönitz den U-Booten nun, an der Oberfläche zu bleiben und sich mit den Fla-Waffen zu wehren. Selbst wenn der Angreifer nicht abgeschossen werden konnte, bestand zumindest die Chance, daß er seine Bomben wegen des Abwehrfeuers danebenwarf.

Außerdem befahl Dönitz, sechs U-Boote mit verstärkter Flak auszurüsten. Den englischen Flugzeugen sollte durch entsprechend schlechte Erfahrungen mit solchen Flak-U-Booten die Lust zum Angriff auf über Wasser fahrende U-Boote möglichst genommen werden, wenigstens aber sollten ihnen derartige Angriffe in Zukunft erheblich riskanter erscheinen als bisher. Als erste dieser „Flakfallen" lief *U-Flak 1* (ex-*U 441*) am 22. Mai aus Brest aus. Es war mit zwei 2-cm-Vierlingen und einer 3,7-cm-Flak bestückt. Zwei Tage später lockte diese Falle eine „Sunderland" an. *U-Flak 1* konnte zwar den Angreifer abschießen, wurde aber durch Nahtreffer so schwer beschädigt, daß es nur noch mühsam den Hafen erreichte. Angesichts dieses Ergebnisses lief *U-Flak 2* (ex-*U 256*) nicht mehr aus, und die Idee wurde fallengelassen. Die beiden Boote wurden wieder zu normalen Frontbooten rückgerüstet, die anderen vier Boote nicht mehr umgebaut.

Nach Dönitz' Entschluß, die Schlacht im Atlantik abzubrechen, wurde der Golf von Biskaya im Juni zum Brennpunkt der Ereignisse. Am 8. Juni hatte *U 758* (Manseck), das erste Frontboot mit verstärkter Flak auf dem „Wintergarten", ein Gefecht mit Trägerflugzeugen. Der erste Angreifer mußte nach Treffern abdrehen, zwei andere schossen nur aus respektvoller Entfernung mit ihren Bordwaffen. Der vierte Angreifer wurde abgeschossen. Zwei weitere Angreifer wurden beschädigt abgewiesen, dann entschloß sich Manseck zum Tauchen. Seine Fla-Waffenbedienung hatte elf Verletzte aufzuweisen, und zwei 2-cm-Zwillingsflak waren beschädigt.

Nach diesen Erfahrungen wurden allmählich alle Frontboote mit verstärkter Flak ausgerüstet. Zusätzlich wurden sie angewiesen, in Zweier- und Dreiergruppen zu marschieren und einander gegenseitig zu schützen. Auf diese Weise wurde der fundamentale Vorteil des Unterseebootes aufgegeben, und es wurde zum reinen Überwasserkampfschiff degradiert. Für kurze Zeit bot diese Maßnahme Schutz, doch bereits Mitte Juni 1943 hatten sich die alliierten U-Jagdflugzeuge auf diese Taktik eingestellt und verhielten sich dementsprechend. Sichteten sie ein U-Boot, so kreisten sie in sicherer Entfernung, so daß das U-Boot nicht getaucht entkommen konnte, bis zum Eintreffen von Verstärkung. Dann erfolgte ein konzertierter Angriff aus allen Richtungen. Schon wenige derartige Angriffe ließen das Risiko der Beschädigung oder Zerstörung sprunghaft steigen, und es zeigte sich, daß die U-Boote einem Zweikampf mit Flugzeugen nicht gewachsen waren. Daher wurde wieder davon abgegangen, die U-Boote sollten die Biskaya getaucht durchqueren und nur für kurze Zeit zum Aufladen der Batterien auftauchen.

Allein die Notwendigkeit solcher Entscheidungen zeigte deutlich, daß die U-Boote nicht nur aus dem Atlantik vertrieben, sondern auch bereits im Küstenvorfeld ihrer eigenen Stützpunkte schwer in die Defensive gedrängt worden waren.

Da man sie im offenen Atlantik nun weniger brauchte, verlegten einige U-Jagdgruppen ihr Tätigkeitsgebiet in die äußere Biskaya, wo sie eng mit radarbestückten Patrouillenflugzeugen zusammenarbeiteten. Sobald ein U-Boot bei Nacht auftauchte, um seine Batterien nachzuladen, wurde es aus der Luft geortet, und die U-Jäger machten sich auf den Weg. Während die Engländer die Zusammenarbeit ihrer Waffengattungen ausbauten, hatte Dönitz viel zuwenig Flugzeuge und Sicherungsfahrzeuge, um die U-Boote wirkungsvoll zu schützen.

Am 2. Juli setzte eine Reihe von Kämpfen in der Biskaya ein, die im verlustreichsten Monat für die deutschen U-Boote gipfeln sollten. Bereits kurz nach dem Auslaufen aus Bordeaux erhielt der für die vor Südafrika operierenden Boote bestimmte U-Tanker *U 462* (Bruno Vowe) so schwere Bombenschäden, daß er zur Reparatur umkehren mußte. In der gleichen Nacht überraschte eine mit „Leigh-light" ausgerüstete „Liberator" *U 126* (Siegfried Kietz) und versenkte es. Am nächsten Morgen fiel *U 628* (Heinrich Hasenschar) einer anderen „Liberator" zum Opfer. Am 5. Juli wurde *U 535* (Helmut Ellmenreich) aus der Luft gebombt. Ab 7. Juli griffen „Liberators" aus Gibraltar und Marokko eine Gruppe von sieben U-Booten mit Bomben, Raketen und Horchtorpedos an. Als erstes ging *U 951* (Kurt Pressel) verloren, am nächsten Tag sanken *U 541 (Hans-Jürgen Auffermann) und U 232* (Ernst Ziehm) und schließlich *U 435* (Siegfried Strelow) am 9. Juli.

Erbarmungslos wurden die deutschenU-Boote zur Strecke gebracht. An diesem Gemetzel waren aber nicht nur englische Luft- und Seestreitkräfte beteiligt. Im Juli stießen die beiden amerikanischen Geleitträger *Core* und *Santee*, jeder in Begleitung von drei Geleitzerstörern, bei den Azoren zu ihrem Artgenossen *Bogue.* Zwischen dem 13. und dem 16. Juli versenkten sie gemeinsam vier U-Boote, am 23. Juli versenkten die Flugzeuge der *Bogue* zwei weitere, und am 30. brachten die Flugzeuge der *Santee* das siebente Opfer zur Strecke.

Am 30. Juli entdeckten die Engländer zufällig die beiden U-Tanker *U 461* (Wolf-Harro Stiebler) und *U 462* (Vowe) und ein weiteres U-Boot bei Kap Ortegal. Die zu ihrer Niederkämpfung aufgebotenen Streikräfte dokumentieren allein durch ihre Zahl die grimmige Entschlossenheit der Engländer, die Oberhand auf See zu behalten. Nicht weniger als sechs Flugzeuge und die 2. Escort Group unter dem „Profi" Captain Walker kämpften gegen die armseligen U-Boote. Diese konnten sich mit ihren wenigen Fla-Waffen zwar die Flugzeuge für einige Zeit vom Leib halten, wurden aber alle drei nach erbitterten Duellen versenkt.

Der Monat Juli 1943 endete für die deutsche U-Bootwaffe mit einem furchtbaren Aderlaß: Von 408 in Dienst befindlichen Booten waren 39 versenkt worden, seit dem Mai 1943 mit 42 verlorenen U-Booten der schlimmste Monat, und es sollte so weitergehen.

Am 1. August ging *U 454* (Burkhard Hackländer) samt der ihn angreifenden „Sunderland" verloren. Am nächsten Tag sanken *U 706* (Alexander von Zitzewitz) und *U 106* (Wolfdietrich Damerow). Angesichts dieser entsetzlichen Verluste blieb Dönitz nichts anderes übrig, als sechs Boote, die gerade die Biskaya durchquerten, zurückzurufen und die Gruppenfahrten einzustellen. Zu diesem am 2. August gefällten Entschluß führte der Verlust von 19 von insgesamt 68 Booten, die versucht hatten, durch die Biskaya in den offenen Atlantik durchzubrechen. Aus diesem Grund gingen die U-Bootverluste im August auf 25 und im September auf zwölf zurück.

Im Spätsommer 1943 wandte Dönitz seine Aufmerksamkeit der wirksamen Bekämpfung der klaren alliierten Überlegenheit zur Luft und zur See zu. Es ging vor allem darum, den technischen Rückstand aufzuholen. Am 30. Juli unterbreitete er Hitler, dem selbst langsam Bedenken über den Kriegsverlauf kamen, seine Hoffnungen, die er in einige der technischen Neuentwicklungen setzte. Damit war eine Wiederaufnahme des U-Boot-Krieges vielleicht möglich.

Als wichtigstes Aufgabengebiet wurde im Sommer 1943 die Funkmeßforschung angesehen und ein „Wissenschaftlicher Führungsstab der Kriegsmarine" unter der Leitung von Professor Dr.-

Ing. Küpfmüller eingerichtet, der sich eingehend mit den Problemen der Radarortung und -warnung beschäftigen sollte. Bei der Einführung des englischen Schiffssuchradars ASV Mark III waren Dönitz' wissenschaftliche Berater sehr skeptisch gewesen, ob die Engländer tatsächlich über ein völlig neues Gerät verfügten, für dessen Feststellung das auf 1,5 Meter Wellenlänge empfangende „Metox“ nicht mehr ausreichte. Allein aus diesem Grund war das englische Zentimeterradar eine Zeitlang eindeutig überlegen. Die Verwirrung hielt an, als ein gefangengenommener englischer Pilot seine deutschen Verhörer davon überzeugen konnte, daß es gar kein neues Radar gäbe, sondern daß die Engländer die Eigenstrahlung des „Metox“ orteten. Daraufhin brach in der deutschen U-Bootwaffe eine „Das Metox strahlt“ -Panik aus, und die Kommandanten weigerten sich, das Gerät überhaupt erst an Bord zu nehmen.

Erst als die Deutschen aus einem bei Rotterdam abgeschossenen Bomber ein H2S-Gerät bergen und mit viel Mühe unter der Bezeichnung „Rotterdam-Gerät“ wieder in Betrieb nehmen konnten, mußten sie erkennen, daß die Engländer bereits mit Zentimeterwellen arbeiteten. Für die U-Boote wurden daraufhin die Panorama-Antenne „Bali“ und für den gerichteten Empfang die Antenne „Palau“ entwickelt. Mit diesen Antennen konnten verschiedene Empfänger wie „Naxos“, „Cypern I“ und „Cypern II“ gekoppelt werden, welche die verschiedensten gegnerischen Radarstrahlungen orten konnten.

Auf dem Feld der aktiven Ortung lagen die Deutschen noch weit zurück und verwendeten immer noch die U-Bootversion des seit Kriegsbeginn existierenden, auf 82 Zentimeter Wellenlänge arbeitenden Marine-Stanardgerätes „Seetakt“. Die erste Version FuMO 29 (= Funkmeßortungsgerät im Gegensatz zum Funkmeßbeobachtungsgerät FuMB) hatte zwei Reihen zu sechs festen Dipolen an der Vorderkante des Brückenschanzkleides, die obere zum Senden, die untere zum Empfangen.

Wegen des begrenzten Ortungswinkels wurde ein kleiner ausfahrbarer Drehspiegel mit 2 x 4 Kipolen, das FuMO 30, entwickelt. Aus verschiedenen Gründen, nicht zuletzt wegen der durch die lange Wellenlänge bedingten Auflösungsunschärfe, befriedigte das Gerät jedoch nicht.

Die deutsche Luftwaffe war in der Hochfrequenztechnick viel weiter fortgeschritten, daher wurde das auf 56 Zentimeter Wellenlänge arbeitende FuMG 200 „Hohentwiel“ für die Kriegsmarine modifiziert. Für die U-Boote wurde daraus das FuMO 61 „Hohentwiel U“ mit einem 1 x 1,4 Meter messenden, einfahrbaren Drehspiegel, der an der Vorderseite vier Reihen mit sechs Dipolen, an der Rückseite die beiden charakteristischen, schmetterlingsförmigen Ortungsantennen „Palau“ trug.

In diesem Zusammenhang muß erwähnt werden, daß die Zusammenarbeit und der Erfahrungsaustausch zwischen Luftwaffe und Marine viel zu wünschen übrig ließen. So hatten die Flieger zum Beispiel sehr früh feststellen müssen, daß bei senkrechter Polarisation (also senkrechten Dipolen) die Wasseroberfläche störende Reflexe („Gras“) verursachte, und waren deswegen zu waagerechter Polarisation übergegangen. Der Marine blieb dies unbekannt, daher fanden sich während des ganzen Krieges auf allen deutschen Kriegsschiffen senkrechte Dipole. Trotz des Vorhandenseins von Funkmeßgeräten war die Einschätzung dieses neuen Führungsmittels durch die deutsche Marine eher zurückhaltend. Zwar kam ab der zweiten Kriegshälfte auf den deutschen U-Booten der „Hohentwiel“-Antennenspiegel in einer gepanzerten Wanne zum Einbau, doch diese Antenne konnte lediglich etwa einen Meter ausgefahren werden und war beim Schnorcheln nicht verwendbar.

Während also die Alliierten bereits eine breite Palette von Radargeräten entwickelt hatten, benutzten die deutschen Kommandanten aus Furcht, sich zu verraten, ihr veraltetes „Hohentwiel U“ nur selten und dann nur als Schlechtwetter-Navigationshilfe.

Intensiv arbeiteten die deutschen Wissenschaftler an der Eliminierung der feinlichen Unterwasserschallortung. Dies wurde durch den „Bold“ erzielt. Dabei handelte es sich um einen 40 Zentimeter langen, mit Kalziumhydrid gefüllten, durchlöcherten Zylinder. Er wurde unter Wasser ausgestoßen, unter dem Einfluß des Seewassers bildete sich ein ausgedehntes Feld von Wasserstoffbläschen. Im Schutz dieses Scheinzieles konnten die U-Boote der Ortung entkommen.

Dönitz setzte auch große Hoffnung in den neuen Horchtorpedo T-5. Weder die Kontaktpistole noch die Magnetpistole hatten im Einsatz befriedigende Trefferwahrscheinlichkeiten gezeigt. Ursprünglich hätte der Horchtorpedo, der auf Schiffsschrauben als Geräuschquelle zusteuerte, erst 1944 frontreif werden sollen, dann aber war die Entwicklung so beschleunigt worden, daß der neue Torpedo in der zweiten Augusthälfte 1943 zur Truppe kam. Die Produktionsraten dieses komplizierten Gerätes stiegen aber nur langsam, und anfangs erhielt jedes auslaufende Boot lediglich vier sogenannte „Zaunkönige“.

Die Stärke und Überlegenheit der radarbestückten alliierten Geleitsicherungsfahrzeuge führten zur Forderung nach dem schnellen „echten“ Unterseeboot.Das neue Walter-U-Boot, das in einer außenluftunabhängigen Turbine hochkonzentriertes Wasserstoffperoxid H_2O_2 verbrannte, war erst im Versuchsstadium, mit der Frontreife war nicht vor 1946 zu rechnen. Schließlich kam man auf die Idee, den bereits durchkonstruierten eleganten, stromlinienförmigen Rumpf des Walter-Hochsee-U-Bootes vom Typ XVIII für konventionellen Antrieb zu verwenden. Im unteren Teil des doppelschlingenförmigen Druckkörpers konnte die dreifache Batteriekapazität untergebracht werden. Aus diesen Überlegungen entstand schließlich das große Elektroboot vom Typ XXI.

Das 76,7 Meter lange Boot verdrängte unter Wasser 1621 Tonnen und erreichte über Wasser eine Geschwindigkeit von 15,6 Knoten, schnorchelnd 10,4 Knoten. Unter Wasser konnte es mit 17,2 Knoten laufen, was gegenüber den 5 oder 6 Knoten der alten Boote ein immenser Fortschritt war.

Analog dazu wurde aus dem kleinen Walter-Küsten-U-Boot

des Typs XXII das kleine Elektroboot vom Typ XXIII entwickelt. Das 34,68 Meter lange Boot verdrängte 233,68 Tonnen und konnte unter Wasser 12,5 Knoten laufen. Da ein forcierter Großserienbau dieser neuen Boote wegen der Materialknappheit und des beinharten Kampfes um höchste Dringlichkeitsstufen (immerhin wurden gleichzeitig Düsenjäger, Raketen, V-Waffen-Abschußrampen, neue Panzermodelle und vieles andere gebaut) von der Marine nicht bewerkstelligt werden konnte, überzeugte Dönitz Hitler davon, daß nur ein durchsetzungsfähiger Alleinverantwortlicher solch ein Bauprogramm durchziehen konnte, und schlug dafür den Reichsminister für Bewaffnung und Munition, Albert Speer, vor. Speer nahm an und versprach die Ablieferung von 20 Typ XXI und 10 Typ XXIII U-Booten monatlich; die ersten 170 Boote wurden im November 1943 bestellt. Für den schnellen Bau dieser Boote war man zum Sektionsbau übergegangen. Zahlreiche Zulieferanten wie Binnenwerften, Kessel- und Lokomotivfabriken produzierten so zum Beispiel die acht verschiedenen Rohsektionen für den Typ XXI.

Bei den drei Endmontagewerften Deschimag/Bremen, Blohm & Voss/Hamburg und F. Schichau/Danzig wurden die Sektionen dann fertig eingerichtet und in wenigen Tagen im Taktverfahren zu kompletten Booten zusammengebaut.

Schließlich gab es noch den „Schnorchel". Auf Initiative von Professor Hellmuth Walter wurde im März 1943 die Idee eines Zu- und Abluftmastes, über den Besatzung und Diesel ver- und entsorgt wurden, während das U-Boot getaucht blieb, wieder aufgegriffen. Dadurch wurde bei konventionellem Antrieb mit außenluftabhängigen Verbrennungsmotoren eine höhere Unterwassergeschwindigkeit erreicht und gleichzeitig die Ortungssilhouette auf ein Minimum verringert. Die Idee des Schnorchels ist so alt wie das Tauchen selbst, die ersten Unterwasserfahrzeuge, die über eine solche Einrichtung serienmäßig verfügten, waren die holländischen U-Boote *O 19 - O 27*. Nach der Eroberung Hollands 1940 waren Boote dieser Art sowohl den Deutschen als auch den Engländern in die Hände gefallen. Beide Marinen hatten zu dieser Zeit kein Interesse an der Erfindung des holländischen Kapitänleutnants J. J. Wichers, weil keine taktische Notwendigkeit nach dem „echten" Unterseeboot bestand.

Professor Walter und seine Mitarbeiter ergänzten dann die Grundidee mit der Überlegung, daß im Falle eines Unterschneidens des Kugelventiles das gesamte Bootsinnere als Luftpolster fungieren sollte, aus dem die Diesel Verbrennungsluft absaugten. Spätere Erprobungen zeigten, daß die Motoren innerhalb von fünf Minuten die Hälfte des Normaldruckes absaugten (etwa 600 Millibar), bevor sie wegen Sauerstoffmangels und fehlender Kompression abstarben. Man kann sich vorstellen, wie unangenehm solch ein plötzlicher Druckabfall für die Besatzung war; die befürchteten ernsten medizinischen Schäden traten aber nicht auf. Nach dem Einbau auf einigen Schul-U-Booten lief *U 264* (Hartwig Looks) als erstes Schnorchelboot in den Nordatlantik aus, fiel aber bereits bei dieser ersten Feindfahrt einer englischen U-Jagdgruppe zum Opfer. Die Front lehnte daher anfangs den Schnorchel ab.

Bis zur Frontreife all dieser komplexen technischen Neuerungen sahen Dönitz und seine Untergebenen dem U-Bootkrieg mit Schrecken entgegen. Unter dem Druck der Ereignisse unterzog sich der BdU im Juni einer qualvollen Gewissenserforschung, ob er die U-Booteinsätze nicht überhaupt abbrechen sollte. Für einen Admiral, der während des ganzen Krieges das U-Boot als einziges Waffensystem zur erfolgreichen Niederringung der Alliierten ansah, war das eine fundamentale Gewissensfrage, noch dazu, wo er zur Zeit alle seine Hoffnungen vereitelt wußte. Doch nun führten ihm alle Faktoren, die die deutschen U-Boote in die Defensive gedrängt hatten - die große Zahl der Geleitfahrzeuge, ihre U-Jagd-Techniken, die allgegenwärtige Luftsicherung und nicht zuletzt der Krieg der „Codeknacker" - deutlich vor Augen, daß eine Fortführung des U-Boot-Krieges in seiner damaligen Form vor dem Eintreffen der neuen Typen und der neuen Waffen nur eine fürchterliche Konsequenz hatte:

Er mußte Hunderte von jungen Männern in den sicheren Tod schicken und Dutzende von U-Booten in eine ungewisse Schlacht senden, aus der die meisten nicht mehr zurückkehren würden.

Auf der anderen Seite mußte die Einstellung des U-Boot-Krieges notwendig tiefgreifende Folgen haben. Angesichts der erloschenen U-Bootaktivitäten würden die Alliierten die dadurch gebundene große personelle und materielle Kampfkraft anderweitig gegen Deutschland und die Achsenmächte einsetzen. Doch nicht nur das, auch Nachschub und Kriegsmaterial hätten dann ungehindert und planmäßig den Atlantik überqueren können. Jeder einzelne Versenkungserfolg, gleichgültig um welchen Preis er erkauft wurde, störte die Vorbereitungen für die alliierte Invasion in Europa. Würden die deutschen U-Boote selbst unter zunehmend schlechten Bedingungen nicht mehr weiterkämpfen, mußte das unausweichlich zu einer stärkeren Belastung anderer kämpfender Truppen führen. Und zu guter Letzt würde jede Kampfpause, um die Fertigstellung der neuen Boote abzuwarten, die Moral der U-Bootfahrer untergraben und ihnen eine ihrer wichtigsten Eigenschaften rauben, die sie in der Vergangenheit in unglaublichem Maße gezeigt hatten: ihre Kampfbegeisterung.

Es gab keine andere Alternative, der U-Boot-Krieg mußte weitergehen. Nach der Niederlage in der Schlacht im Atlantik und der im Mai gefallenen Entscheidung zum Abbruch der Geleitzugangriffe verfügte der BdU über eine beachtliche freie U-Bootstreitmacht. Im August 1943 waren 404 deutsche U-Boote in Dienst, die es nun anderwärts einzusetzen galt.

16 U-Boote, die noch über genügend Vorräte, Treibstoff und Torpedos verfügten, wurden im Mittelatlantik westlich der Azoren aufgestellt, erzielten aber keine Erfolge. Während ein Geleitzug aufreizend nahe an ihnen vorüberfuhr, versenkten Flugzeuge des US-Geleitträgers *Bogue* am 5. Juni das Minen-U-Boot *U 217* (Kurt Reichenbach-Klinke).

Dönitz mußte sich nun nach anderen Operationsgebieten umsehen, in denen er mit seinen verbliebenen Booten die Schwachstellen des Feindes angreifen konnte: dort wo die Geleitsicherung schwach war und Angriffe nicht erwartet wurden. Schon vorher war es sieben deutschen U-Booten gelungen, durch die Biskaya zu brechen, sich westlich der Azoren aus einem U-Tanker zu versorgen und die amerikanische Ostküste zu erreichen. Dort trafen sie auf unerwartet dichte Luft- und Seeüberwachung und erzielten daher nur schwache Erfolge. Am 2. Juni wurde *U 521* (Klaus Bargsten) vor Kap Hatteras durch den US-U-Jäger *PC 565* versenkt. Diesen Booten wurde in der Wahl des individuellen Operationsgebietes große Handlungsfreiheit gegeben, um nicht durch allzugroße U-Bootkonzentrationen zu intensive Abwehrmaßnahmen zu provozieren. Doch auch diese Hoffnung erfüllte sich nicht. Kurze Zeit nach dem Eintreffen der U-Boote war die Abwehr bereit und verjagte die Boote aus diesen Gewässern.

Vor Westafrika ereignete sich ähnliches. Nach Einzelaktionen schlossen sich die deutschen U-Boote zu einem konzertierten Angriff auf einen nordlaufenden Konvoi zusammen. Doch die Geleitsicherung operierte so geschickt und wachsam, daß nur ein winziger Frachter versenkt werden konnte. Weiter südlich, im Gebiet des Kaps der Guten Hoffnung, wurden einige Erfolge gegen Einzelfahrer erzielt. Dann verlegten die sieben dort operierenden U-Boote ihr Tätigkeitsgebiet einmal mehr in den Indischen Ozean, nachdem sie bei Madagaskar aus dem von Kobe in Japan aus operierenden Tankmotorschiff *Charlotte Schliemann* ergänzt hatten. Im Juni wurden 10 Schiffe, im Juli 17 Schiffe mit 97 214 BRT versenkt. Am 9. Juni sandte der BdU, der nun so viele U-Boote verfügbar hatte, weitere neun Boote und zwei U-Tanker zur Verstärkung der Siebenergruppe in den Indischen Ozean. Um der Todeszone Biskaya auszuweichen, liefen sie aus Deutschland durch die Dänemark-Straße in den offenen Atlantik. Dabei wurde das große IXC-U-Boot *U 200* (Heinrich Schonder) am 24. Juni 1943 südwestlich Island durch US-Flugzeuge versenkt. Der Rest der Gruppe traf auf seinem Marsch nach Süden auf schweren Widerstand der US-Geleitträger und der englischen Küstenluftwaffe. Fünf

Diese Erfindung verwandelte das Tauchboot zum echten Unterseeboot: Professor Hellmuth Walters Schnorchel.

Schnorchel, Luftzielsehrohr und Angriffssehrohr ausgefahren.

U 118 (Cygan) wird am 12. Juni 1943 westlich der Azoren von Trägerflugzeugen des US-Geleitträgers *Bogue* versenkt. Besatzungsmitglieder suchen hinter dem Turm vor Bordwaffenbeschuß Deckung.

Erfolg der RAF. Eine 6-t-„Bunkerknackerbombe“ durchschlug die fünf Meter dicke Betondecke und zerstörte die beiden Boote in dieser Box.

In Trondheim ergaben sich die U-Boote kampflos und fielen unbeschädigt in die Hände der Engländer. Hier zwei deutsche U-Boote vor dem dortigen Liegebunker.

U 505 (Harald Lange) wurde am 4. Juni 1944 von einem amerikanischen Enterkommando gekapert und eingeschleppt. Im Hintergrund das Flaggschiff der U-Jagdgruppe, der Geleitflugzeugträger *Gualdalcanal*. Das Boot steht heute als Museumsstück vor dem Technischen Museum von Chicago.

deutsche U-Boote erreichten schließlich den Indischen Ozean, wo sie sich ebenfalls aus *Charlotte Schliemann* versorgten und gemeinsam mit den acht dort patrouillierenden japanischen U-Booten vor dem Horn von Afrika operierten. Die erste Bootsgruppe trat darauf den Rückmarsch in deutsche und japanische Stützpunkte an.

Die deutschen und die japanischen U-Boote versenkten vor allem vor den Eingängen in den Persischen Golf und ins Rote Meer, wo alle ungeschützten Einzelfahrer notgedrungen vorbei mußten, 57 Frachter mit 337 169 BRT. Wenn man bedenkt, daß in diesem Seeraum nie mehr als sieben deutsche U-Boote gleichzeitig operierten, so waren wohl die Glückwünsche für Dönitz durchaus gerechtfertigt.

Andererseits wurde der Marsch durch den Atlantik immer gefährlicher, und zahlreiche deutsche Fern-U-Boote wurden bereits beim Anmarsch versenkt.

Letzter Angriff auf die gegnerischen Versorgungslinien

Ende August 1943 konnte Dönitz seinen Befehl vom 2. dieses Monats aufheben, und nach neunmonatiger Pause liefen wieder neun deutsche U-Boote in den Atlantik aus. Dönitz' Hoffnungen klammerten sich an die verbesserte Ausrüstung: das neue FuMB-Gerät „Naxos", den neuen Horchtorpedo T 5 „Zaunkönig" und die verstärkte Flak. Anfang September liefen als zweite Welle dreizehn U-Boote aus den Atlantikstützpunkten und sechs weitere aus deutschen und norwegischen Häfen aus.

In der Biskaya halfen die neuen Maßnahmen den U-Booten für einige Zeit. Ausgenommen zum Nachladen der Batterien, liefen die deutschen U-Boote getaucht nahe der spanischen Küste bis Kap Finisterre. Von dieser Dreizehnergruppe ging lediglich am 7. September *U 669* (Köhl) und bis Ende des Monats nur noch ein weiteres U-Boot verloren. Die Alliierten ihrerseits hatten bei der Überwachung des Golfes von Biskaya nicht weniger als 13 Flugzeuge verloren.

Nach dem Durchbruch durch die Biskaya versorgten sich die Boote aus einem Tanker und formierten sich zu einem Suchstreifen, der langsame Geleitzüge, die nach Amerika fuhren, abfangen sollte. Sie hatten Befehl, zuerst den Geleitschutz anzugreifen und sich dann erst den schutzlosen Konvoi vorzunehmen. Am 12. September verließ das aus 27 Frachtern, einem Hilfsflugzeugträger und acht Geleitfahrzeugen bestehende West-Geleit *ONS 18* England. Am 15. September folgte das 40-Schiff-Geleit *ON 202* mit sechs Geleitfahrzeugen. Am 16. September hatten 19 deutsche U-

Boote einen etwa in Nord-Süd-Richtung verlaufenden Suchstreifen auf 25 Grad westlicher Länge eingenommen. Die Weichen für ein neues Kräftemessen, bei dem beide Seiten erstmals über technische Neuerungen verfügten, waren gestellt.

Die Kursanweisungen für die deutschen U-Boote wurden von den englischen „Codeknacker" in Bletchley Park vollständig entschlüsselt und der Submarine Tracking Room mit einem vollständigen Bild der Feindlage versorgt. Die britische Admiralität sandte daraufhin eine zusätzliche U-Jagdgruppe zur Unterstützung des Geleits *ONS 18* aus.

Die erste Begegnung erfolgte in der Abenddämmerung des 19. September, als eine vor dem Geleit patrouillierende „Liberater" *U 341* (Dietrich Epp) versenkte, bevor die Deutschen die feindlichen Schiffe überhaupt bemerkt hatten. In dieser Nacht sichtete *U 270* (Otto) als erstes das Geleit, gemeinsam mit *U 260* (Purkhold) wurde der erste Angriff gefahren, bei dem nur die Stärke des feindlichen Geleitschutzes abgetastet, aber nichts versenkt wurde. In der nächsten Nacht, am 20. September, ging es dann richtig los. Der schnelle Konvoi *ON 202* hatte den langsamen bis auf wenige Seemeilen eingeholt und verlor seine ersten Schiffe. Gemäß Dönitz' Befehl wurde zuerst die Sicherung angegriffen, wobei *U 270* die englische Fregatte *Lagan* mit einem „Zaunkönig" torpedierte. Der beschädigte Engländer konnte zwar eingeschleppt werden, mußte aber als irreparabel abgewrackt werden. Dann wurden zwei Frachter torpediert. Frühmorgens schlugen „Liberators" aus Island zurück, indem sie *U 338* (Kinzel) sinnigerweise ebenfalls mit einem akustischen Torpedo versenkten. Zur gleichen Zeit, als die Deutschen mit dieser Waffe aufwarteten, antworteten die Alliierten mit der gleichen Eigenentwicklung. Gleichzeitig hatten sie die deutsche Entwicklung vorausgesehen und die Entwicklung einer Abwehrwaffe eingeleitet. Die Grundidee war bestechend einfach: Eine nachgeschleppte Geräuschboje sollte das Eigengeräusch des Schiffes überdecken und den Horchtorpedo auf sich locken, der dann in sicherer Entfernung explodierte und bloß den billigen, leicht ersetzbaren Schleppkörper vernichtete. Doch noch war diese Defensivwaffe nicht im Einsatz.

Während des Tages wiederholten sich die Ereignisse des März, und die beiden Geleitzüge vereinigten sich zu einem einzigen Supergeleit. Seinerzeit war dadurch die Anzahl der Ziele vergrößert worden, aus denen sich die U-Boote ihre Opfer heraussuchten. Diesmal war mit einem Schlag die Geleitsicherung verdoppelt worden. Sie schlug in der folgenden Nacht erfolgreich drei Angriffe der U-Boote ab. Danach setzte im Kielwasser des Konvois ein heftiger Kampf zwischen Jägern und Gejagten ein. Um 20.00 Uhr explodierte ein von *U 305* (Rudolf Bahr) gefeuerter „Zaunkönig" im Heck des kanadischen Zerstörers *St. Croix* und riß es ab. Der Zerstörer erhielt dann eine Stunde später einen Fangschuß mit einem konventionellen Torpedo und sank. Um 20.30 Uhr versenkte *U 952* (Oscar Curio) mit einem „Zaunkönig" die Korvette *Polyanthus*.

Am 21. September setzte einfallender Nebel allen U- Boot-Operationen ein Ende. Die Boote liefen an der Oberfläche vor dem Geleit her. In den kurzen sichtigen Perioden wurden sie von den Flugzeugen hart angegriffen, konnten sich aber mit ihrer verstärkten Fla-Bewaffnung energisch zur Wehr setzen. Bei Einbruch der Dunkelheit versuchten sie erneut anzugreifen, wurden aber von der Geleitsicherung abgedrängt. Den nächsten Erfolg erzielte der Zerstörer *Keppel,* der in den Morgenstunden des 22. *U 229* (Robert Schetelig) südöstlich von Cape Farewell (Grönland) durch Rammstoß versenkte. Tagsüber verhinderte der Nebel weitere Versenkungen. In der nächsten Nacht schoß *U 666* (Engel) einen „Zaunkönig" auf den Zerstörer *Itchen*. Nur drei Mann überlebten den Untergang, bei dem auch dic geretteten Überlebenden der *St. Croix* und der *Polyanthus* umkamen.

Danach gingen die U-Boote „voll ran", durchbrachen um 02.20 Uhr den Schirm der Geleitfahrzeuge und versenkten innerhalb von vier Stunden vier Frachter. Der erneute Einfall starken Nebels und die übermächtige Luftsicherung veranlaßten Dönitz, die Operation abzubrechen, obwohl er sie als erfolgreich ansah. Die U-Boot-Kommandanten meldeten die Versenkung von zwölf Geleitfahrzeugen und neun Frachtern; tatsächlich wurden vier Geleitfahrzeuge und sechs Frachter mit 36395 BRT versenkt. Zwei Frachter wurden beschädigt. Es stellte sich bald heraus, daß die Verwendung des Horchtorpedos die übertriebenen Treffermeldungen noch verstärkte. Das lag vor allem daran, daß sich die U-Boote mit ihren „Zaunkönigen" gegen angreifende Zerstörer verteidigten, vor denen sie schnell wegtauchen mußten. Sie konnten ihre Erfolge nicht optisch überprüfen, und unter Wasser waren Treffer fast nicht von Endstreckendetonierern und Wasserbombenexplosionen zu unterscheiden. Nur zu oft wurden daher Versenkungen oder zumindest Torpedotreffer angenommen und nach Hause gemeldet.

Die tatsächlichen Erfolge der U-Boote waren, wie bereits beschrieben, weit geringer und wurden mit dem Verlust von drei deutschen U-Booten erkauft.

Durch diese optimistischen Berichte ermutigt und im Vertrauen, mit dem Horchtorpedo die Antwort auf viele Probleme gefunden zu haben, formierte der BdU seine Boote zu einem neuen Suchstreifen. Das sollte sich als unglückliche Entscheidung herausstellen. Die nächsten beiden Geleitzüge wurden um die U-Boote herumgeführt, der dritte verfügte über eine kampfstarke Luftsicherung. Die Deutschen bekamen das Geleit überhaupt nicht zu Gesicht, aber *U 279* (Otto Finke) und *U 389* (Siegfried Heilmann) gingen verloren.

Am 8. Oktober wurde ein vierter Geleitzug, *SC 143,* gesichtet. Neun Geleitfahrzeuge schützten 13 Frachter, auf die insgesamt 18 deutsche U-Boote angesetzt wurden. Es gelang ihnen, den exilpolnischen Zerstörer *Orkan* zu versenken. Doch nach Eintreffen der Luftsicherung wendete sich das Blatt, und *U 419* (Dietrich Giersberg), *U 643* (Hans-Harald Speidel) und *U 610* (Walter Freiherr von Freyberg-Eisenberg-Allmendingen) wurden versenkt.

Erst am 15. Oktober wurde das nächste Geleit, *ON 206,* aufgefaßt. Die Angriffe waren wenig erfolgversprechend: Der erste wurde abgeschlagen, und die Boote wurden unter Wasser gedrückt. Bevor die Deutschen in der nächsten Nacht erneut angreifen konnten, versenkten radarbestückte „Liberators" *U 470* (Günter Grave) am 16. und *U 540* (Lorenz Kasch) am 18. Oktober. Eine Zeit zuvor wurde *U 631* (Jürgen Krüger) durch die englische Korvette *Sunflower* im Nordatlantik versenkt. Im Kielwasser dieses Geleitzuges folgte der *ONS 20,* aus dem ein Frachter herausgeschossen wurde. Die englische Antwort kam prompt: eine „Liberator" versenkte *U 964* (Johann Emmo Hummer), der Geleitzerstörer *Byard* versenkte *U 841* (Werner Bender).

Die beiden Geleitzugschlachten hatten mit der Versenkung von fünf U-Booten gegen nur einen versenkten Frachter geendet. Bei Ergebnissen dieser Art, die nun wieder die Regel wurden, mußte sich Dönitz erneut den Kopf darüber zerbrechen, ob er nicht alle U-Boote zurückziehen sollte. Er entschied sich nochmals gegen diese Möglichkeit und sammelte seine Boote in einem neuen Suchstreifen. Doch während der BdU die Lage durch den Einsatz von immer mehr U-Booten in den Griff bekommen wollte, antworteten die Gegner mit immer stärkeren Abwehrmaßnahmen.

Die nächsten vier Geleitzüge verloren kein einziges Schiff. Die alliierten See- und Luftstreitkräfte hatten zu einer sehr engen Zusammenarbeit gefunden – wie sie in Deutschland, insbesondere von Göring, immer verhindert worden war – und versenkten weitere drei U-Boote.

Es war allerdings nicht nur die enge Zusammenarbeit der verschiedenen englischen Waffengattungen, die zum Verlust so vieler deutscher U-Boote führte. Die U-Jäger hatten das Manko ihrer unzureichenden Bewaffnung durch ein ausgefeiltes und bestens eingespieltes Teamwork wettgemacht. Wieder einmal war der erfinderische Captain Walker – nun Kommandant der Sloop *Starling* – der Vater der Idee. Ihn störte, daß ein Zerstörer, so lange er ortete, nicht nahe genug für den Wasserbombenwurf über das Heck war. In dieser Beziehung bedeutete das „Ping" der auf den Rumpf auftreffenden Asdic-Ortung relative Sicherheit für die U-Boot-Besatzung. Erst mit dem Ausbleiben des „Ping" setzte die Ungewißheit ein: War der Horchkontakt nun verlorengegangen? Oder war der Zerstörer nun schon über dem U-Boot und kamen die über das Heck abgeworfenen Wasserbomben bereits „herabgesegelt"? In dieser Stille mußte das U-Boot schnell handeln, Haken schlagen oder die Tauchtiefe wechseln, um der Ortung und den Explosionen zu entkommen.

Nun wurde durchgehend geortet. Das „Ping" ertönte, bis das Wasser in den von den Explosionen eingedrückten U-Boot-Rumpf einströmte. Für die U-Boot-Kommandanten war das vollkommen neu, und die meisten konnten diese schreckliche Erfahrung niemandem mehr mitteilen. Erst langsam wurde die von Captain Walker entwickelte „Schleichtechnik" bekannt. Er ließ zwei U-Jäger hintereinander fahren, wobei das hintere Schiff ortete und dem vorderen Kursanweisungen gab. Für den Kommandanten des ortenden Zerstörers war die Arbeit immer noch kniffelig genug. Er mußte Geschwindigkeit und Kurs des gejagten U-Bootes vorausberechnen, mußte Zeitpunkt und Explosionstiefe des Wasserbombenteppichs so wählen, daß er das Opfer einschloß. Versuchte das U-Boot seitwärts zu entkommen, warteten hinter dem ortenden Schiff weitere Jäger, um die Verfolgung aufzunehmen. Die Methode war nahezu unfehlbar und endete meist tödlich. Walker, der 1944 an Überarbeitung starb, war ein ebenbürtiger Gegner der besten deutschen U-Boot-Kommandanten.

Die Zerstörer erhielten außerdem eine Waffe, mit der sie das Problem des Verlierens des Asdic-Kontaktes meistern konnten. Die Antwort lag im Abschießen von Wasserbomben über den Bug. Die früheste Form einer solchen Waffe war der „Hedgehog"-Werfer („Igel"), der eine Salve von 24 Wasserbomben verschoß, die nur bei direktem Kontakt explodierten. Der Vorteil lag darin, daß die Schallortung nicht durch Zufallsexplosionen gestört wurde und daß der Werfer rasch für die nächste Salve nachgeladen werden konnte.

In den Monaten September und Oktober 1943 verlor die deutsche U-Boot-Waffe nicht weniger als 25 Boote im Nordatlantik. Sie selbst versenkte lediglich neun Frachter. Ende Oktober beschloß Dönitz, die Rudelangriffe einzustellen. Von diesem Zeitpunkt an gruppierte der BdU die großen Rudel – die immer mehr zum willkommenen Ziel der alliierten Geleitsicherungen wurden – in kleine, voneinander unabhängige Kampfgruppen um. Doch selbst diese waren den allgegenwärtigen Flugzeugen nicht gewachsen. Einige Zweier- und Dreiergruppen formierten sich östlich von Neufundland und südlich von Grönland, doch auch sie mußten die Erfahrung machen, daß sie von Flugzeugen angegriffen wurden, sobald sie nur ihr Periskop zeigten. Und wenn die Flugzeuge nicht mit Bomben oder Wasserbomben angriffen, so waren die U-Jäger schnell zur Stelle, und das „Ping" der Asdic-Ortung traf auf die U-Boote.

Neue Boote fuhren in rascher Folge aus den Werften, wurden überhastet ausgebildet und in den Nordatlantik geschickt. Doch es war eine nutzlose Anstrengung. Im November wurden nur sechs Frachter mit 23 245 BRT, im Dezember nur sieben mit 47 785 BRT versenkt. Auf denselben Geleitzugrouten wurden in diesen beiden Monaten 16 deutsche U-Boote vernichtet. Verglichen mit dem März des Jahres, wo allein in einem Monat 80 Frachter mit 476 349 BRT mit dem Verlust von sechs U-Booten versenkt wurden, war es eindeutig abzusehen, wohin die Entwicklung führen mußte.

Als sich das Ausmaß des Fehlschlages des U-Boot-Krieges in den nördlichen Gewässern abzuzeichnen begann, versuchte Dönitz, die Situation durch verstärkte Anstrengungen in anderen Gewässern zu stabilisieren. Im Raum der Azoren, wo die südlicheren Geleitzugrouten verliefen, durchkreuzten amerikanische Geleitflugzeugträger die Hoffnungen des BdU gründlich. Die *Card* versenkte am 4. Oktober nördlich der Azoren *U 422* (Wolfgang Poeschel), am 28. Oktober versenkten Maschinen der *Block Island* das große XB-Boot *U 220* (Bruno Barber). Für die ozeanische Versorgung verblieben nur noch die beiden U-Tanker *U 488* (Studt) und

U 490 (Gerlach), welche dann aus Sicherheitsgründen noch weiter nach Süden verlegten.

Dönitz legte nun das Hauptgewicht seiner Angriffe auf die Nord-Süd laufenden Freetown-Gibraltar-Geleitzüge. Doch auch hier hatten die Alliierten das komplizierte Mosaik der See- und Luftüberwachung geschlossen. Nach zwei Jahren strikter Neutralität unterzeichnete Portugal mit England einen Benützungsvertrag über die Luftstützpunkte auf den Azoren. Ab 8. Oktober 1943 begannen sich die Engländer dort einzurichten, und am 18. wurde der Flugbetrieb aufgenommen. Damit hatten die Alliierten den Luftraum bis 30 Grad nördlicher Breite unter Kontrolle.

Dönitz hatte acht neue Boote im Einsatz und der Luftwaffe einige Flugzeuge zur Fernaufklärung abgerungen. Die erste Begegnung fand am 27. Oktober statt, als eine *FW 200 „Condor"* ein nordlaufendes Sechs-Schiff-Geleit sichtete. Die U-Boote gingen auf Südkurs, und am Abend des 31. Oktober begann die Schlacht. Sie sollte nicht lange dauern. Als erstes wurde *U 306* (Claus von Trotha) gemeinsam von dem Zerstörer *Whitehall* und der Korvette *Geraunium* nordöstlich der Azoren vernichtet. Die U-Boote versenkten den Frachter *Hellfried,* dann wurde ein Boot so schwer beschädigt, daß es den Rückmarsch antreten mußte. Daraufhin wurde der Angriff abgebrochen.

Am 7. November entdeckten FW 200 das Geleit *MKS 29 A.* Als die U-Boote angriffen, erzielten sie keinen Erfolg, verloren aber einen Kameraden.

Am 16. November bestätigte sich die Nützlichkeit der Fernaufklärung erneut, als die *„Condore"* ein aus 66 Schiffen bestehendes Geleit sichteten. Es handelte sich um die beiden Geleitzüge *SL 139* (aus Sierra Leone) und *MKS 30* (aus Gibraltar), die unter gemeinsamer Sicherung liefen. Dönitz setzte einen Suchstreifen aus 26 U-Booten an, der am 18. November um 23.00 Uhr ersten Kontakt erhielt. Der Zerstörer *Exe* rammte *U 333* (Cremer), das schwer beschädigt den Rückmarsch antreten mußte. Dann schoß *U 515* (Werner Henke) mit einem Horchtorpedo der englischen Sloop

Chanticleer das Heck ab, so daß sie eingeschleppt werden mußte. In der Folge entsandten die Engländer starke Luft- und Seestreitkräfte.

Tagsüber kreisten „Hudsons", „Fortresses" und „Catalinas" über dem Geleit. Bei Nacht waren die mit „Leigh-light" ausgerüsteten „Wellingtons" zur Stelle, die jedes U-Boot, das auch nur sein Periskop zeigte, mit Scheinwerferunterstützung angriffen. *U 211* (Karl Hause) war das erste Opfer. Im Laufe des 19. trafen neun weitere Geleitfahrzeuge ein und verstärkten die Gesamtzahl auf 19. Der in zwei engen Kolonnen laufende Konvoi stand unter dichtem Schutz. In der Nacht setzte der BdU wieder einen konzertierten Angriff an, doch der Geleitschutz fand seine Opfer schneller. *U 536* (Rolf Schauenburg) mußte nach Wasserbombenschäden auftauchen und wurde durch Artilleriebeschuß versenkt.

Am nächsten Tag griff die Schlacht in den Luftraum über, als die Engländer die Fühlung haltenden deutschen Fernaufklärer angriffen und zwei „FW 200" abschossen. Beide Seiten blieben einander nichts schuldig: *U 618* (Erich Faust) schoß ein „Sunderland"-Flugboot ab. Bei Einbruch der Abenddämmerung waren die Gegner immer noch fest ineinander verbissen: *U 848* (Wilhelm Rollmann) schoß eine „Liberator" ab. Um 04.30 Uhr ortete der englische Geleitzerstörer *Foley U 538* (Hans-Egbert Goßler) und versenkte es nach sechsstündigem Wabo-Bombardement.

Alles in allem hatten 31 deutsche U-Boote an diesen Angriffen teilgenommen, ohne einen einzigen Frachter zu versenken. Eine Sloop wurde außer Gefecht gesetzt, zwei Flugzeuge wurden abgeschossen. Die Gegenrechnung: drei deutsche U-Boote vernichtet, eines schwer beschädigt.

Nach Abbruch dieser Operation sandte Dönitz mit bemerkenswerter Zähigkeit 16 Boote gegen zwei weitere gesichtete Geleitzüge. Es handelte sich um den *OS 59* und den *KMS 30,* die auf der gleichen Route liefen. Diesmal war die britische Admiralität einen Schritt voraus. Die Meldungen der Deutschen wurden entschlüsselt, eine U-Jagd-Gruppe wurde zur Verstärkung entsandt. In der

Nacht vom 22. auf den 23. November entwickelte sich eine verbissene Schlacht, während der Konvoi in sicherer Entfernung ungehindert vorüberlief. Ein deutsches U-Boot wurde versenkt.

In diesen dicht befahrenen Gewässern gab es genug Ziele für die deutschen U-Boote. Sie wendeten sich ihnen zu, doch alle ihre Bewegungen wurden abgeblockt. Die 4. Escort Group blieb ihnen unermüdlich auf den Fersen. Am 25. November versenkten zwei Fregatten *U 600* (Bernhard Zurmühlen), am nächsten Tag beschädigten sie *U 618* (Faust). Als Verstärkung traf am 27. die 2. Escort Group unter Captain Walker ein. Die nächsten Erfolge wurden aber von Flugzeugen erzielt: eine „Wellington" versenkte am 28. November nördlich Madeira *U 542* (Christian-Brandt Coester), und am 29. versenkten Maschinen der *Bogue U 86* (Walter Schug). Nur einem Boot war es gelungen, die Geleitsicherung zu durchbrechen und seine Torpedos abzuschießen. Es traf aber nichts und wurde beschädigt. Es ist verständlich, daß der BdU nach diesem sprunghaften Zunehmen der Verluste die Operationen abbrach. Die Stärke des gegnerischen Geleitschutzes hatte enorm zugenommen; die kampferprobten U-Jagd-Gruppen waren bereits beim leisesten Anschein einer Gefahr zur Stelle, so daß die Konvois recht ungehindert quer durch die deutschen Suchstreifen fahren konnten. Da alle westlichen Meere ein zu „heißer Boden" geworden waren, mußte Dönitz die zukünftige Strategie erneut überdenken. Auf den Geleitzugrouten endete das für die deutschen U-Boote so verlustreiche Jahr 1943 in friedlicher Stille.

Die Western Approaches

Wohin würde sich Dönitz nun wenden, um den fürchterlichen Aderlaß von seiner Waffe abzuwenden? Wohin er die U-Boote auch sandte, überall fielen sie den Jägern zum Opfer, und allzu viele Besatzungen, die mit Enthusiasmus und Einsatzfreude ausgefahren waren, kehrten nicht mehr in die Stützpunkte zurück.

Der BdU entschloß sich, im neuen Jahr einige Boote auf Fernunternehmungen zu schicken und die anderen in den *Western Approaches* zu konzentrieren. Darunter verstanden die Engländer das westliche Küstenvorfeld ihrer Inseln. Vor dem Eingang zur Irischen See und zum Ärmelkanal lagen jene Schlüsselzonen, welche die gesamte Versorgungsschiffahrt durchqueren mußten. Mitte Januar waren zwei Dutzend U-Boote in einem weitgestreckten Bogen, der von den Färöer Inseln im Norden bis Kap Finisterre im Süden verlief, aufmarschiert. Sie standen in Abständen von 30 Seemeilen und tauchten nur auf, wenn es unbedingt notwendig war – also zum Durchlüften des Bootes und zum Aufladen der Batterien. Unter diesen Bedingungen waren die Chancen, einen Konvoi zu sichten, naturgemäß sehr gering. Diese Aufgabe fiel nun der Luftaufklärung zu, deren Ergebnisse den U-Booten per Längstwelle übermittelt wurden.

Dazu muß man wissen, daß Längstwellen die Eigenschaft haben, die Wasseroberfläche zu durchdringen, und bis in einige Dutzend Meter Tiefe empfangen werden können. Zu diesem Zweck hatten die Deutschen in Kalbe an der Milbe auf einer Fläche von vier Quadratkilometern einen Längstwellensender errichtet, der im Bereich von 28 000–10 000 Meter arbeitete. Der Antennenkomplex bestand aus drei Masten von je 200 Meter und 15 Masten von je 170 Meter Höhe. Die U-Boote konnten die Funkmeldungen in getauchtem Zustand empfangen, nur zum Senden mußten sie auftauchen.

Es lag nicht an der U-Boot-Waffe, daß der Plan nicht funktionierte. Zwar meldeten die Fernaufklärer einige Sichtungen, doch das Ergebnis war immer gleich enttäuschend. Am 17. Januar 1944 wurde zum Beispiel ein Geleit gemeldet, und die U-Boote wurden zum Angriff herangeführt. Doch der Fühlunghalter mußte wieder umkehren und nur ein U-Boot bekam Kontakt, bevor das Geleit wieder verloren wurde. Es handelte sich um *U 641* (Horst Rendtel), das prompt von der Korvette *Violet* am 19. Januar versenkt wurde. Dönitz befahl die Boote näher an die irische Küste, doch seine Befehle wurden entschlüsselt, und starke Fliegerkräfte verlegten auf die irischen Horste. Ihre Stunde schlug, als die Fernaufklärer am 27. Januar zwei große Geleitzüge meldeten. Ab dem 28. sahen sich die jagenden U-Boote plötzlich selbst von den Flugzeugen gejagt. An diesem Tag gingen *U 271* (Curt Barleben) und *U 571* (Gustav Lüssow) verloren. Sofort wurden die Angriffe abgebrochen, doch die U-Jäger hefteten sich den nach Westen ablaufenden U-Booten auf die Fersen. Am 31. Januar war Captain Walkers Sloop *Starling* wieder mit dabei, als *U 592* (Heinz Jaschke) versenkt wurde.

Im Januar 1944 verschwanden die beiden Boote *U 377* (Gerhard Kluth) und *U 972* (Klaus-Dietrich König) spurlos im Atlantik. Da auch die englischen Quellen für diese Boote keine Versenkung angeben, dürfte etwas eingetreten sein, woran deutsche U-Bootkommandanten nur in Angstträumen dachten. Sie wurden vermutlich von Kameradenbooten mit „Zaunkönigen“ versenkt. Gerade in diesem Monat wurden am Geleit *ON 217* in der Anfangseuphorie zahlreiche Horchtorpedos verschossen, welche die Besatzungen zwar detonieren hörten, denen man heute aber keinen Treffer auf einem alliierten Schiff zuordnen kann. Es ist nicht auszuschließen, daß deutsche U-Boote dabei durch eigene Horchtorpedos versenkt worden sind.

Während der nächsten Wochen behielt die See- und Luftüberwachung diese wichtigen Gewässer scharf im Auge und nahm den U-Booten jede Initiative. Aber immer noch wurde versucht, gesichtete Geleitzüge anzugreifen. Doch die U-Boote verbrauchten meistens ihren Treibstoff nur damit, den Zerstörern, Korvetten, Sloops und U-Jagd-Trawlern zu entkommen. Am Morgen des 9. Februar versenkte Walkers *Starling* gemeinsam mit der Fregatte *Wildgoose* mit der eprobten Schleichtechnik *U 734* (Hansjörg Blauert). Am gleichen Nachmittag wiederholte er das makabre Tötungsritual an *U 238* (Horst Hepp), das erst nach einigen Angriffen in die Tiefe ging. Am 11. kam *U 424* (Günter Lüders) auf die Liste der Opfer.

Der englische Geleitträger *Fancer* (ex-USS *Croatan*) war ebenfalls erfolgreich und versenkte am 10. Februar *U 666* (Willberg). Flugzeuge aus Irland vernichteten am 9. *U 238* (Horst Hepp) und am 11. Februar *U 545* (Gert Mannesmann).

Drei Tage später verlegte Dönitz – dem zu diesem Zeitpunkt das volle Ausmaß seiner Verluste noch kaum bekannt sein konnte – die Boote aus Sicherheitsgründen noch weiter nach Westen in den offenen Atlantik. Verglichen mit ihren englischen Gegenspielern hatten die deutschen Fernaufklärer-Besatzungen zuwenig Erfahrung. So kam es, daß sie einige der nächsten Geleitzüge nicht entdeckten. In den wenigen Fällen, wo das doch geschah, entwickelten sich die Ereignisse immer nach den gleichen Regeln. Entweder zwangen Flugzeuge die anmarschierenden U-Boote unter Wasser, oder die U-Jäger mit ihren Asdics ließen den U-Boot-Fahrern nur noch den Gedanken an das nackte Überleben.

Am 19. Februar war es Walker – anscheinend wie immer –, der das erste deutsche Schnorchel-U-Boot *U 264* (Hartwig Looks) erlegte. Um 22.00 Uhr dieses Tages erzielte *U 764* (Hanskurt von Bremen) nach langer Zeit den ersten Erfolg, indem es die Sloop *Woodpecker* mit einem Horchtorpedo torpedierte. Die Sloop wurde in Richtung auf die Scilly-Inseln eingeschleppt, sank aber acht Tage später.

Fast einen Monat lang hatte die 2. Escort Group entlang der Konvoirouten U-Boote gejagt, und wo immer sie auftauchte, war der Gegner praktisch wehrlos. Elf U-Boote wurden vernichtet, während es den deutschen U-Booten nur gelang, die *Woodpecker,* den Zerstörer *Warwick,* den Nachzügler *Silvermaple* und zwei Flugzeuge zu vernichten.

Dönitz war verständlicherweise über diese Verluste bestürzt und schrieb den Mißerfolg zum Teil den Fernaufklärern zu. Am 26. Februar trug er Hitler seine Beschwerden vor und verlangte mehr Aufklärungsflugzeuge sowie eine Beschleunigung des Bauprogramms für den neuen Typ XXI, in den er größte Hoffnungen setzte.

Gleichzeitig verlegte er seine Boote immer weiter nach Westen, 700 Seemeilen vor die europäischen Küsten, wo sie individuell gegen die Geleitzüge operieren sollten. Trotz fehlender Luftaufklärung gelangen ihnen einige Sichtungen, zwischen 1. und 22. März wurden elf Schiffe versenkt, darunter die Geleitzerstörer *Gould* und *Leopold,* das Panzerlandungsschiff *LST 362* und die Korvette *Asphodel.* Doch die Abwehrmaßnahmen ließen an Wucht nichts zu wünschen übrig: *U 575* (Wolfgang Boehmer) wurde nach der Versenkung der *Asphodel* 18 Stunden lang gejagt, ehe es knapp entkommen konnte, aber am 15. ereilte auch Boehmer sein Schicksal. *U 358* (Rolf Manke) wurde nach der Versenkung der *Gould* in der längsten Jagd dieses Krieges nach 33 Stunden von drei Geleitzerstörern versenkt (1. März). *U 744* (Heinz Blischke) wurde 30 Stunden gejagt, bevor es am 6. März auftauchen und die Besatzung über Bord springen mußte.

Am 22. März hatte Dönitz dann endgültig genug und rief alle U-Boote aus dem Atlantik zurück. Hitler gegenüber betonte er nochmals, daß nur die neuen Boote des Typs XXI in Zusammenarbeit mit verstärkter Luftaufklärung eine Wiederaufnahme des U-Boot-Krieges im Atlantik ermöglichten. Im Zeitraum von Januar bis März 1943 hatte er im Atlantik 36 U-Boote verloren. Von den wenigen, die noch in den Randgebieten des Atlantiks standen, gingen im April weitere zwölf verloren. Und von den fünf noch verbleibenden wurden im März zwei vernichtet.

Ende Mai war damit der U-Boot-Krieg in den entfernten Gewässern zum Erliegen gekommen. Vor der amerikanischen Ostküste und der afrikanischen Westküste operierten nur noch je zwei deutsche U-Boote. In neun Monaten war in diesen beiden Gebieten die Versenkung von 26 alliierten Schiffen mit dem Verlust von zwölf U-Booten erkauft worden. Für beide Seiten bedeutete das keine Änderung des Gesamtkriegsverlaufes. Doch für die Alliierten bedeutete jedes durchgekommene Schiff eine Verstärkung der Vorräte für die Eroberung Europas. Für die Deutschen war der U-Boot-Krieg eine Angriffstätigkeit, deren Erfolg nur an der Vernichtung gegnerischen Schiffsraumes gemessen werden konnte. Solange der Krieg so ruhig verlief, waren die Alliierten die Gewinner.

Im Juni und Juli verließ eine kleine, aber beständige Zahl von U-Booten die Stützpunkte zu Fernoperationen und Blockadebrecherfahrten. Das alte Spiel von Angriff und Gegenangriff, von Torpedo- und Wasserbombenattacke ging weiter. Doch die Wildheit der Schlachten vergangener Jahre war gebrochen. In der Folge lösten sich die Gegner voneinander, tasteten sich ab und warteten. Die Deutschen suchten weiter nach Schwachstellen in der Verteidigung des Gegners; die Alliierten übten sich in der Vollsicherung ihrer Geleitzüge, immer bereit, jedes sich zeigende U-Boot anzugreifen. In den Monaten Juni und Juli 1944 wurde im Nordatlantik und vor Amerika kein einziges Schiff versenkt. Es war in diesen Gewässern in der Tat eine ruhige Zeit.

Die letzten Monate hatten gezeigt, daß weder der Horchtorpedo noch die neuen FuMB-Geräte oder die verstärkte Fla-Bewaffnung den deutschen U-Booten die alte Überlegenheit zurückgeben konnten. Gegen den „Zaunkönig" waren nun Geräuschbojen eingesetzt. Das Karussell der technischen Weiterentwicklung drehte sich nun so schnell, daß die Deutschen mit der gegnerischen Radarentwicklung nicht mehr Schritt halten konnten. Und die U-

Boote konnten sich mit ihrer verstärkten Fla-Bewaffnung ihren Weg nicht freischießen.

Am 1. Juni 1944 schrieb der BdU in sein Kriegstagebuch: „Die Einsatzzahlen der gegnerischen Luftwaffe und die Zahlen der zur Sicherung eingesetzten Fahrzeuge, U-Jagd-Gruppen und Flugzeugträger haben nicht ab- sondern zugenommen.

Für den U-Bootsoldaten selbst ist die Aufgabe, einen Kampf im wesentlichen zur Bindung des Gegners zu führen, besonders schwer. Mehr als bei jeder anderen Waffe war der Erfolg bisher das persönliche Verdienst einer gesamten Bootsbesatzung und gab ihr den besonderen Angriffsgeist und die Zähigkeit und die Härte gegenüber der feindlichen Abwehr. Erfolgsaussichten sind jetzt nur in geringem Maße vorhanden, die Aussichten, nicht mehr von Feindfahrt zurückzukommen, demgegenüber sehr groß."

Das war die Wirklichkeit: Nachdem die ungeduldigen U-Boot-Fahrer jahrelang schneidig und kühn Handelsschiffe versenkt hatten, und nach den gewaltigen Geleitzugschlachten, bei denen in einem Monat bis zu einer dreiviertel Million Tonnen gegnerischen Schiffsraumes versenkt wurden, nachdem Dönitz mit seinen Vorgesetzten erbittert darum gerungen hatte, den U-Boot-Krieg nach seinen Vorstellungen zu führen, mußte die U-Boot- Waffe nun auf die sekundäre Aufgabe der Bindung gegnerischer Kräfte ausgerichtet werden. Sie mußte als Köder für die alliierten See- und Luftstreitkräfte herhalten, deren Feuer auf sich ziehen, während nun andere Waffengattungen beim Kampf um den „Endsieg" in den Vordergrund traten. Und selbst diese Aufgabe konnte nur in ausgesuchten Gebieten durchgeführt werden, wo U-Boote ohne Luftsicherung und Zusammenarbeit den auf sie angesetzten Kräften standhalten konnten. Zum Entsetzen des BdU war die Wahrscheinlichkeit, daß eine Besatzung vom Einsatz nicht mehr zurückkehrte, stark gestiegen. Nur 70 Prozent der Männer, die in den Monaten bis Juni 1944 zur Feindfahrt ausliefen, hatten die Chance, lebend heimzukommen.

Doch wie defensiv auch immer diese Einsätze waren, wie entgegengesetzt sie dem Kampfgeist der U-Bootwaffe waren, die Bindung gegnerischer Kräfte war jeder Mühe wert. Jedermann wußte, daß die Schiffe Truppen und Kriegsmaterial für die unmittelbar bevorstehende Landung in Europa transportierten. So fiel jedes anderweitig gebundene alliierte Schiff oder Flugzeug für den Kampf gegen die deutsche Wehrmacht auf europäischem Boden aus. Und wenn die U-Boote dabei noch Frachter versenkten, so war das nur begrüßenswert. Denn im Fall der Invasion würden all die Panzer, Kanonen und Fahrzeuge, alle Nahrungsmittel, Betriebsstoffe und Munition sowie alle Soldaten auf Schiffen über den Ärmelkanal gesetzt werden müssen. Jedes versenkte Schiff würde der Invasionsarmada fehlen und den Verteidigern ihre Aufgabe weiter ein wenig leichter machen.

Am „U-Boothimmel" zeigte sich noch ein weiterer Hoffnungsschimmer. Im Frühjahr 1944 waren bereits viele Front-U-Boote mit dem Schnorchel ausgerüstet. In den Monaten vor der Invasion war bereits genug Schnorchelerfahrung gesammelt worden. Die in dieses Gerät gesetzten Erwartungen hatten sich voll erfüllt, den alliierten U-Jagd-Techniken konnte durch Schnorcheln erfolgreich begegnet werden. Daher befahl Dönitz im Juni, daß nur noch Schnorchel-U-Boote an die Front gehen durften, und zum erstenmal seit 1940 konnten wieder deutsche U-Boote in den seichten Gewässern des Ärmelkanals operieren.

Der Beginn der Invasion am 6. Juni 1944 wurde zur letzten großen Kraftprobe. Dönitz wußte genau, welchen Schwierigkeiten sich seine Männer gegenübersehen würden. Der Einsatzbefehl, mit dem er die ersten Boote gegen die alliierte Invasionsflotte ausschickte, drückte seine Ansichten klar aus:

„Jedes feindliche Fahrzeug, das der Landung dient, auch wenn es etwa nur ein halbes Hundert Soldaten oder einen Panzer an Land bringt, ist ein Ziel, das den vollen Einsatz des U-Bootes verlangt. Es ist anzugreifen, auch unter Gefahr des eigenen Verlustes. Wenn es gilt, an die feindliche Landungsflotte heranzukommen, gibt es keine Rücksicht auf Gefährdung durch flaches Wasser oder mögliche Minensperren oder irgendwelche Bedenken. Jeder Mann und jede Waffe des Feindes, die vor der Landung vernichtet werden, verringern die Aussicht des Feindes auf Erfolg.

Das Boot, das dem Feinde bei der Landung Verluste beibringt, hat seine höchste Aufgabe erfüllt und sein Dasein gerechtfertigt, auch wenn es dabei bleibt."

Mit diesem verzweifelten Selbstmordbefehl schickte der BdU seine Männer in die Schlacht.

Der letzte Kampf

Kurz nach dem Bekanntwerden des Auslaufens der Invasionsflotte, etwa um 01.00 Uhr des 6. Juni, wurden die deutschen U-Boote auf ihre Abwehrstellungen beordert. In Bergen in Norwegen lagen 21 U-Boote, fünf davon mit Schnorchel. Aus Brest und La Pallice liefen neue Schnorchelboote in das Gebiet zwischen der Isle of Wight und Cherbourg aus. Weitere sieben U-Boote ohne Schnorchel verließen Brest in Richtung zur englischen Südküste im Gebiet zwischen Lizard Point und Start Point. Neunzehn andere U-Boote verließen Stützpunkte in Frankreich und nahmen zum Schutz vor Landungen in der Biskaya Aufstellung vor dem Golf.

In dieser Nacht begann eine der wildesten und verbissensten Schlachten des gesamten U-Boot-Krieges. Die Boote vor der Biskaya bekamen die Wucht der ersten Kämpfe zu spüren. Sie schossen vier angreifende Flugzeuge ab, und obwohl fünf Boote zur Umkehr gezwungen wurden, ging nur *U 955* (Baden) verloren. In der nächsten Nacht wurde *U 970* (Hans Heinrich Ketels) von einer „Sunderland" versenkt, und innerhalb kurzer Zeit versenkte ein „Liberator" am 8. Juni *U 629* (Hans Helmuth Bugs) und *U 373* (Detlef von Lehsten). In diesen ersten Tagen bewies der Schnorchel – obwohl ein reines Verteidigungsgerät – schnell und augenscheinlich seinen Wert. Als in den nächsten beiden Tagen *U 740* (Günther Stark) und *U 821* (Ulrich Knackfuß) vernichtet wurden, rief man alle Boote, die wie diese über keinen Schnorchel verfügten, zurück.

Ab 15. Juni trafen die Schnorchel-U-Boote aus Norwegen im Ärmelkanal ein. *U 767* (Dankleff) erzielte den ersten Erfolg, indem es bei Land's End die Fregatte *Mounre* versenkte; *U 764*

(Hanskurt von Bremen) versenkte den Geleitzerstörer *Goodson,* wurde aber beim Gegenangriff beschädigt. Am gleichen Tag versenkte *U 621* (Hermann Stuckmann) das Panzerlandungsschiff *LST 280*. Am 18. Juni wurde *U 767* (Dankleff) durch drei Zerstörer vernichtet. Die aus Norwegen anmarschierenden Boote wurden von englischen, kanadischen und exil-norwegischen Flugzeugen gebührend empfangen; zwischen dem 11. und dem 24. Juni vernichteten diese fünf U-Boote.

In den letzten beiden Juniwochen liefen aus den Atlantikstützpunkten weitere zwölf U-Boote mit dem Ziel Invasionsgebiet aus, doch nur drei erreichten ihr Operationsgebiet. Sie erzielten einige Erfolge. Die größte Trefferserie erreichte dabei *U 984* (Heiz Sieder), das vor Sisley Bill kurz hintereinander vier Frachter torpedierte, die alle eingeschleppt werden konnten. Es ist aber bezeichnend für die damals bereits bestehende Materialüberlegenheit der Engländer, daß sie es sich erlauben konnten, diese vier beschädigten Schiffe nicht mehr zu reparieren, sondern einfach abzuwrakken.

Während des Juli marschierten immer wieder U-Boote zum Ärmelkanal, doch ihre Erfolge waren angesichts der Übermacht und der Entschlossenheit der U-Jäger recht bescheiden. *U 390* (Heinz Geißler) versenkte am 5. Juli den U-Jagd-Trawler *Ganilly,* wurde aber das Opfer des Gegenangriffs. Am 6. Juli wurde *U 678* (Guido Hyronimus) vernichtet, am 11. *U 1222* (Bielefeld).

Dem U-Boot *U 763* gelang es während der Kämpfe um die Invasion mit besonderem Glück zu entwischen. Das unter dem Kommando von Kapitänleutnant Ernst Cordes stehende Boot wurde nach einem Angriff nahe Selsey Bill geortet. Dreißig Stunden dauerte die Verfolgung, bei der 550 Wasserbomben geworfen wurden. Cordes schlich durch das seichte Wasser, wechselte andauernd den Kurs und hatte mehrere Male Grundberührung. Am Morgen des 7. Juli war er den Zerstörern entkommen, doch nach der anderthalbtägigen Wasserbombenjagd war an ein genaues Feststellen der Position durch Koppeln nicht mehr zu denken. Am

Mittag des 7. glaubte er das Boot 20 Seemeilen nördlich von Cherbourg, doch alle Anzeichen sprachen dagegen. Die Tiefenangaben der Seekarten stimmten mit denen des Echolotes nicht überein, und die Funkpeilung ergab keinen Sinn. Cordes schloß daraus, daß er durch den Gezeitenstrom zwischen die Kanalinseln versetzt worden war und ging – immer noch unter Wasser – auf Nordkurs, um tieferes Wasser zu erreichen, denn er hatte kaum 25 Meter Wasser unter dem Kiel. Um 04.00 Uhr hatte er abermals Grundberührung. Cordes rief sich die letzten Stunden nochmals genau in Erinnerung, und da dämmerte es ihm, daß er von den Kanalinseln noch meilenweit entfernt sein mußte. Nach einem vorsichtigen Rundblick durchs Sehrohr erkannte er zu seinem Entsetzen, daß er sich mitten auf der Reede von Spithead befand, dem großen Flottenankerplatz vor der Isle of Wight. Es wimmelte von Schiffen: Landungsboote, Transporter, Spitalschiffe mit Verwundeten aus der Normandie, geschäftiger Zubringerverkehr von und zur Küste. Das U-Boot blieb zwölf Stunden mucksmäuschenstill auf dem Meeresgrund. Als der Gezeitenstrom umschlug, steuerte Cordes das Boot vorsichtig aus dem seichten Wasser. Unter größter Nervenanspannung gelang die Heimkehr nach Brest.

Die meisten der in den Ärmelkanal entsandten U-Boote hatten aber nicht so viel Glück. Anfang August wurden acht von ihnen versenkt, im Juni wurden im Kanal und in der Biskaya sieben vernichtet. Das waren zwei Drittel der eingesetzten Boote, mit denen etwa 750 Mann zugrunde gingen. Doch immer noch drängten sich Freiwillige zur U-Boot-Waffe. Es nimmt nicht wunder, wenn Dönitz in seinem Memoiren gesteht: „Ich selbst brachte die Seelenstärke, die diese U-Boot-Besatzungen an den Tag legten, schließlich nicht mehr auf.“

Zahlenmäßig waren die Erfolge bescheiden geblieben: zwölf Frachter, vier Landungsschiffe und fünf Geleitfahrzeuge wurden versenkt; fünf Frachter, ein Geleitfahrzeug und ein Landungsschiff wurden beschädigt. Trotz der Verluste beurteilte Dönitz den U-Boot-Einsatz als nützlich. Es war zwar nicht gelungen, die alliierte Invasion zu stoppen, doch die Heranführung von Truppen wurde verzögert, und nach Meinung des BdU wurden die Verteidiger entlastet.

Die Verwendung des Schnorchels hatte den deutschen U-Booten wieder etwas Luft – in jedem Sinn des Wortes – verschafft. Nach der Überlegenheit in den ersten Kriegsjahren und der Niederlage 1943 war eine Wende in Sicht. Schnorcheln machte die U-Boote praktisch unsichtbar, da alliierte Radargeräte ein so kleines Objekt wie den Schnorchelkopf noch nicht orten konnten. Bei einem konventionellen U-Boot bedeuten die langsame Unterwassergeschwindigkeit und das beschränkte Sichtfeld des Sehrohres eine Beschneidung seiner Fähigkeiten. Doch das Bauprogramm für die schnellen Elektro-U-Boote war voll angelaufen, und ihre baldige Frontreife ließ die Hoffnung auf neue Paukenschläge aufkommen. Nur eine vollkommen neue Kampftechnik konnte im fünften Kriegsjahr noch helfen.

Die lebensrettende Funktion des Schnorchels zeigte sich besonders Anfang August 1944. Als die Amerikaner bei Avranches aus der Halbinsel Cotentin ausbrachen, waren die U-Boot-Stützpunkte Brest und Lorient in Gefahr, bald abgeschnitten zu werden. Dönitz verlegte alle dortigen Boote südwärts nach La Pallice und Bordeaux. Als die Amerikaner Mitte August in die Vororte dieser Städte eindrangen, liefen die U-Boote in Richtung Norwegen aus. Obwohl dies den Alliierten nicht verborgen geblieben war und sie alle Anstrengungen unternahmen, die Flucht der U-Boote zu unterbinden, gelang 22 deutschen Booten der Durchbruch. Neun weitere Boote, die direkt aus dem Fernen Osten oder dem Ärmelkanal kamen, liefen ebenfalls nach Norwegen. Nur ihrer Schnorchelausrüstung war es zuzuschreiben, daß sie trotz aller Abwehrmaßnahmen überlebten.

Einfach war das Schnorcheln allerdings nicht. Es ist schon an anderer Stelle beschrieben worden, wie die Diesel das Boot leersaugten, wenn der Schnorchel unterschnitt und die Abgase in das Bootsinnere zurückschlugen. Außerdem hinterließ der Schnorchelkopf an der Wasseroberfläche eine lange Schaumspur, so daß nur bei Nacht geschnorchelt werden konnte. Tagsüber lag die gesamte wachfreie Besatzung reglos in den Kojen, um Sauerstoff zu sparen. Alle elektrische Energie wurde für die Motoren verwendet, nur die Notbeleuchtung brannte. Es gab keine warmen Mahlzeiten, keine Freizeitgestaltung, nicht einmal Gespräche. Nach diesen langen Schnorchelperioden ohne Tageslicht wurden die Besatzungen alarmierend apathisch, und die Einsatzdauer sank auf die Hälfte der früheren Durchschnittswerte.

Die Verwendung des Schnorchels führte auch dazu, daß die alliierten U-Boot-Jäger mit beträchtlichem Einsatz, vergeudetem Treibstoff und nutzlos „verpulverten" Wasserbomben Phantomziele jagten. Während die echten Sichtungen abnahmen, nahm die Einbildung zu. Unbehelligt marschierten die U-Boote unter Wasser, während Piloten und Seeleute die Schaumkronen der Atlantikdünung – die „Willywaws" – angriffen. Auch unschuldige Wale mußten manchen schweren Wasserbombenangriff über sich ergehen lassen, wenn ihre Atemfontänen gesichtet wurden.

Schnorchelnd liefen die U-Boote von Frankreich nach Norwegen und von dort zu neuen Feindfahrten aus. Nach der Einschließung der Atlantikfestungen wurde die Luftüberwachung der Dänemark-Straße erheblich verstärkt. Aber von den 16 U-Booten, die Ende August 1944 diese Enge durchquerten, wurden nur zwei aus der Luft gesichtet, und auch sie konnten sich weiteren Angriffen entziehen.

Angesichts der U-Boot-Verlegung wurden die Geleitzüge weiter nach Süden verlegt. Die Sichtungen gingen zurück, und am Jahresende war der U-Bootkrieg im Nordatlantik zum Stillstand gekommen. In den Monaten September bis November wurde je ein deutsches U-Boot in diesen Gewässern vernichtet. Im Dezember passierten rund 50 Boote die Dänemark-Straße ohne Verlust. Die Versenkungen beschränkten sich auf wenige. *U 482* (Hartmut Graf von Matuschka) hatte zwischen dem 16. August und dem 26. September auf Feindfahrt – meist getaucht – 2700 Seemeilen zurückgelegt. Dabei versenkte Graf Matuschka die englische Fregatte *Hurst Castle* und vier Frachter. *U 1227* (Fritz Altmeier) torpedierte die kanadische Fregatte *Chebogue, U 1223* (Albert Kneip) die kanadische Fregatte *Magog, U 483* (Hans-Joachim von Morstein) die englische Fregatte *Whitacker* und *U 1228* (Friedrich-Wilhelm Marienfeld) die kanadische Fregatte *Shawinigan; U 300* (Fritz Hein) schoß aus dem Geleit *UR 142* drei Frachter heraus. Im Dezember versenkte *U 775* (Erich Taschenmacher) den englischen Geleitzerstörer *Bullen;* im Ärmelkanal versenkte *U 870* (Ernst Hechler) zwei Infanterie-Landungsschiffe und beschädigte den US-Zerstörer *Fogg, U 806* (Klaus Hornbostel) versenkte den kanadischen Minensucher *Clayquot; U 486* (Gerhard Meyer) torpedierte zwei englische Geleitzerstörer, und *U 1020* (Otto Eberlein) versenkte den englischen Zerstörer *Zephyr.* Doch alle diese Erfolge reichten nicht mehr aus, den Kriegsverlauf zu ändern.

Die Erfolge der letzten vier Monate waren immer mühsamer erzielt worden. Vierundzwanzig alliierten Verlusten standen 55 vernichtete U-Boote gegenüber. Es hatte den Anschein, als artete der U-Boot-Krieg in eine Art „Schattenboxen“ aus. Zu Dönitz‘ großer Befriedigung und zur Bestürzung der britischen Admiralität wurde das Bauprogramm der neuen U-Boote mit unvermindertem Elan durchgezogen. Die neuen Elektroboote der Typen XXI und XXIII, gegen die die Alliierten im Moment wehrlos waren, wurden in großer Zahl fertiggestellt und frontreif gemacht.

So lange die Engländer nicht durch die Versenkung vieler U-Boote den U-Boot-Krieg unmöglich machten, hatten die Deutschen noch eine Chance, ihre frühere Überlegenheit zurückzugewinnen. Am Jahresende 1944 waren die Weichen für eine der verwickeltsten und unberechenbarsten Phasen des Krieges gestellt.

Finale: Januar bis Mai 1945

Gemeinsam mit 18 anderen U-Booten ging Ende Januar 1945 das erste Küsten-U-Boot des Typs XXIII, *U 2324* (Konstantin von Rappard), in See, um vor dem Firth of Forth zu operieren. Damit standen 39 deutsche U-Boote in den englischen Küstengewässern. Es war eine große Beruhigung für Dönitz zu wissen, daß die Boote während des An- und Abmarsches durch feindliche Flugzeuge relativ ungefährdet waren. Durch das Operieren unter Wasser war die Kommunikation mit dem Hauptquartier unmöglich, wobei die englischen „Codeknacker" diesmal dem Submarine Tracking Room der Admiralität keine Anhaltspunkte über die U-Boot-Lage geben konnten. Erst ein Angriff lieferte den Geleitfahrzeugen die erforderlichen Hinweise über die Anwesenheit des Gegners.

Das erste Schiff in der Irischen See im Jahr 1945 wurde am 9. Januar von *U 1055* (Meyer) versenkt. Am 15. griff vor Schottland *U 482* (von Matuschka) ein Geleit an und torpedierte den Tanker *Spinanger* und den Geleitträger *Thane*. Im Zuge der einsetzenden Verfolgung wurde das U-Boot versenkt. Am gleichen Tag versenkte *U 1055* den Tanker *Maja*. Am 21. versenkten *U 1199* (Stollmann) den Dampfer *George Hawley* und *U 1172* (Jürgen Kuhlmann) den Dampfer *Galatea* sowie (am 23.) die *Vigsnes*. Kuhlmann ging am 26. mit seiner gesamten Besatzung im Duell mit einer englischen U-Jagd-Gruppe unter, wobei er noch den Geleitzerstörer *Manners* versenkte. Am 27. wurde *U 1051* (Heinrich von Holleben) vernichtet, *U 825* (Stölker) bei der Isle of Man nach einem Angriff auf ein Geleit beschädigt. Ebenfalls verloren gingen *U 650* (Rudolf Zorn), *U 1199* (Stollmann) und *U 1020* (Eberlein). So endete der Monat unentschieden.

Ende Januar war Dönitz überzeugt, selbst mit den alten, auf Schnorchelbetrieb umgerüsteten Booten die Schlacht wieder aufnehmen zu können, bevor die neuen Typen an die Front kamen. Er entschloß sich, alle neuen Boote des Typs VII C41 in die Schlacht zu werfen. Abgesehen vom Schorchel waren U-Boote in den flachen Küstengewässern mit Asdic viel schwerer zu orten. Dazu muß man sich vor Augen halten, daß der Peilton vom Meeresboden emporreflektiert und von der Wasseroberfläche zurückreflektiert wird. Der Ortungsbereich zerfällt in Konvergenzzonen mit dazwischenliegenden „toten" Bereichen. Durch das unebene Bodenrelief gibt es starke Störechos. Beides zusammen läßt ein äußerst verwirrendes Asdic-Bild entstehen. Unter diesen Bedingungen war zu fürchten, daß die deutschen U-Boote durch hohe Versenkungsziffern ihre wichtigsten Einsatzziele verstärkt erfüllen konnten: Zum einen gefährdeten Schiffsverluste den Transport des Nachschubs für die Front in Europa; zum anderen wurden dadurch Kriegsschiffe gebunden, die ansonsten Jagd auf deutsche Nachschubgeleitzüge machen konnten.

Im Februar 1945 liefen aus Norwegen 41 U-Boote vorwiegend in den Ärmelkanal aus. Ihre Versenkungen erreichten nicht das erhoffte Maß. Im Kanal wurden sieben Schiffe – darunter zwei Korvetten – versenkt, in der Irischen See drei. Nimmt man die anderen Operationsgebiete dazu, kommt man auf elf Frachter und drei Korvetten. Dem standen zwölf vernichtete U-Boote gegenüber.

Die Ergebnisse des März waren noch schlechter. Aus Norwegen stießen 37 U-Boote hinzu, so daß Ende des Monats insgesamt 53 in den englischen Küstengewässern standen. Durch See- und Luftstreitkräfte und durch Abwehr-Minenfelder gingen 15 U-Boote verloren; die alliierten Verluste betrugen zehn Frachter und drei Geleitfahrzeuge. Zwar hatten die Deutschen für diese Phase des Krieges eine kontinuierliche Weiterentwicklung der Gegnermaßnahmen prognostiziert, aber darunter waren auch bis dahin noch nicht aufgetretene Geräte und Waffen, welche steigende Verluste verursachten.

Als Ergänzung zum Salvenwerfer „Hedgehog" wurde der Wasserbombenmörser „Squid" eingeführt. Anstatt 24 kleinerer Explosivkörper mit Kontaktzündung verfeuerte er drei größere mit Abstandszündung. Die sekundären Schäden durch Nahtreffer wurden dadurch so schwer, daß das U-Boot auftauchen mußte. An der Oberfläche konnte es der Vernichtung dann nicht mehr entgehen.

Das Arsenal der Ortungsgeräte wurde durch ein neues Radar, das auf 3 Zentimeter Wellenlänge arbeitete, vervollständigt. Auf dieser Wellenlänge konnten selbst so kleine Objekte wie Schnorchelköpfe geortet werden. Allerdings gab es besonders in Küstengewässern viele durch Treibgut ausgelöste Falschechos.

Hatte ein Flugzeug den Feind gesichtet, so stand ihm mit der 600-Pfund-Bombe (272,15 kg) eine wirkungsvolle neue Waffe zur Verfügung. Bis zur Einführung der 600-Pfund-Bombe hatte es nur die 300-Pfund-Wasserbombe (136 kg) gegeben. Mit einem neuen Tiefflug-Bombenzielgerät wurden beide Bombentypen mit tödlicher Genauigkeit auf U-Boote geworfen.

Die modernste Waffe war die von den Amerikanern entwickelte Sonarboje. Sie wurde in U-Boot-verdächtiges Gewässer geworfen und funkte alle Schallortungen an ein Flugzeug weiter, das dann mit einem kleinen, akustischen Flugzeugtorpedo die Ortung angreifen konnte. Der Krieg wurde zunehmend automatisiert und technisch perfektioniert.

Auch im April 1945 hielten einander die Versenkungen etwa die Waage: 15 U-Boote gegen zehn Frachter und drei Kriegsschiffe. Doch so bedauerlich diese Verluste waren, die neuen Boote kamen in großen Zahlen an die Front, wurden aber für den ersten großen Paukenschlag zurückgehalten. Im April liefen 44 Boote aus Norwegen aus, darunter das erste große Elektro-U-Boot vom Typ XXI. Solange immer mehr Boote – und dazu noch lauter moderne Typen – in Dienst gestellt wurden, als verloren gingen, wurde die deutsche U-Boot-Waffe de facto immer stärker.

Trotz der schlechten Gesamtlage erreichte die Ablieferung von Typ-XXI-Booten durch Fließbandproduktion erstaunliche Ausmaße. Es gab nur einen Rückschlag im November 1944, als durch Bombardierungen die innerdeutschen Kanalsysteme als Transportwege für die Zubringerwerften im Binnenland unterbrochen wurden. Abgesehen von ihren sechs Torpedorohren mit Schnelladmechanismus erreichten die neuen Boote nicht nur hohe Kampfgeschwindigkeiten, sondern konnten auch mit 6 Knoten Schleichfahrt lautlos entkommen. Ihr Aktionsradius erlaubte Operationen bis in den Südatlantik bei einer Verweildauer am Einsatzort von einem Monat. Neue Unterwasserortungsgeräte und Zielrechner erlaubten den „blinden" Torpedoschuß ohne optische Zielerfassung.

Insgesamt wurden bis Kriegsende 121 dieser U-Boote in Dienst gestellt, neun wurden beim Verlegungsmarsch nach Norwegen versenkt, zwei gingen in der Ostsee durch Minentreffer verloren, zwölf wurden während der Endausrüstung in der Werft gebombt. 86 wurden von ihren Besatzungen bei Kriegsende versenkt, zwölf an die Alliierten ausgeliefert.

Nur zwei von ihnen sind noch zur Feindfahrt ausgelaufen.

U 2511 (Adalbert Schnee) verließ am 30. April Horten mit Ziel Karibik. In der Nordsee wurde einem englischen U-Jagd-Verband einfach unter Wasser davongelaufen. Das Boot war bereits westlich der Shetlands, als am 4. Mai das Angriffsverbot für U-Boote erlassen wurde. Schnee war einer der nur acht Kommandanten, die gehorchten und daraufhin umkehrten. Auf dem Rückweg begegnete er jener britischen Kampfgruppe, die unterwegs war, Bergen zu besetzen. Er fuhr einen Schulangriff auf den schweren Kreuzer *Norfolk,* kam bis auf 500 Meter heran, schoß aber nicht. In Bergen wurde er dann durch die Offiziere dieses Kreuzers vernommen, die ihm nicht glaubten, wie nahe sie dem Tod gewesen waren. Schnee später: „Meine Erfahrungen: Das Boot war hervorragend, im Angriff und in der Abwehr etwas ganz Neues für den U-Bootfahrer."

U 3008 (Helmut Manseck) lief am 3. Mai aus Wilhelmshaven aus. Es befand sich zum Zeitpunkt der Kapitulation in der nördlichen Nordsee. Dabei begegnete Manseck der englischen Kampfgruppe, die unterwegs war, Kopenhagen zu besetzen. Er ignorierte einen britischen Befehl, direkt nach Loch Eireboll zu laufen und kehrte über Frederikshaven nach Kiel zurück.

In der Nacht vom 5. Mai versenkten bei Bekanntwerden der unmittelbar bevorstehenden Kapitulation entsprechend dem Stichwort „Regenbogen" die Besatzungen von 215 U-Booten ihre Fahrzeuge in und vor deutschen Häfen.

Die in See stehenden Boote erhielten zunächst den Befehl, die Kampfhandlungen abzubrechen und nach Norwegen zurückzukehren. Nach der Kapitulation am 8. Mai wurden die U-Boote durch Funkspruch von den Engländern aufgefordert, aufzutauchen, ihren Standort zu funken und auf Geleit zu warten, welches sie in Häfen eskortieren sollte. Dieser Befehl wurde natürlich nicht von allen Kommandanten befolgt. Manche schnorchelten trotzdem in die Heimat zurück, und *U 977* (Heinz Schaeffer) und *U 530* (Otto Wermuth) schnorchelten bis Argentinien, worauf sie verdächtigt wurden, Hitler an Bord gehabt zu haben. Andere wiederum ergaben sich und liefen schwer bewacht in alliierte Häfen ein.

Damit fanden die hartnäckigen Bemühungen Deutschlands, die Alliierten durch die Vernichtung ihrer Handelsschiffahrt in die Knie zu zwingen, ein erfolgloses Ende. Manchmal war Deutschland diesem Ziel gefährlich nahe gewesen. In den großen Atlantikschlachten der ersten Kriegsjahre betrugen die Verluste mit dreiviertel Millionen Tonnen monatlich gerade das Neubauvolumen der Alliierten. Lebenswichtige Ladungen an Öl, Lebensmitteln, Waffen und Maschinen gingen verloren, der deutsche Sieg schien in greifbarer Nähe.

Dann schlug das Kriegsglück zugunsten der Alliierten um. Immer größere Zahlen von Geleitfahrzeugen kämpften nach immer perfekteren Methoden. Die Deutschen vernachlässigten die technische Entwicklung und konnten schließlich nicht mehr Schritt halten.

Bei Kriegsende war eine erneute Wende absehbar. Die alten Bootstypen wurden modernisiert und neue Typen kamen in großer Zahl an die Front. Selbst stärkste See- und Luftüberwachung im Nahbereich der Britischen Inseln wäre ihner kaum Herr geworden. Dennoch war das Ausmaß der versenkten Handelsschiffstonnage in den ersten Monaten des letzten Kriegsjahres unbedeutend. Es wurden nie mehr als 100000 BRT im Monat versenkt, der Durchschnitt betrug kaum die Hälfte dieser Zahl. Es ist heute nicht mehr abwägbar, was geschehen wäre, wenn der Krieg ein halbes oder ein ganzes Jahr länger gedauert hätte. Die Folgen des Großeinsatzes neuer Typen, darunter vielleicht das außenluftunabhängige Walter-U-Boot, sind unabsehbar. Die Aussichten der Alliierten wären sicher denkbar schlecht gewesen.

Churchill beurteilte den U-Boot-Einsatz bei Kriegsende in seinen Memoiren: „Die Front-U-Boote waren nun mit einem Schnorchel ausgerüstet und bekamen während der Tauchzeit, wenn sie ihre Batterien aufluden, frische Luft durch ein Rohr. Diese U-Boote waren aber nur eine Überleitung zu der neuen Art von U-Boot-Kriegführung, die Dönitz geplant hatte. Er rechnete auf den Zeitpunkt, an dem die neuen Bootstypen bereit wurden, von denen jetzt sehr viele im Bau waren. Die ersten standen bereits in Erprobung. Der wirkliche Erfolg hing für Deutschland davon ab, daß sie rechtzeitig in großen Zahlen in Dienst gestellt werden konnten. Ihre hohe Unterwasser-Geschwindigkeit belastete uns mit neuen drohenden Problemen und würde tatsächlich, wie es Dönitz voraussagte, die U-Boot-Kriegführung revolutioniert haben.“

Bevor diese technische Revolution einsetzte, versenkten deutsche U-Boote über 2600 alliierte Handelsschiffe mit 15,6 Millionen Tonnen. Dazu kamen etwa 175 Kriegsschiffe.

Die Deutsche Kriegsmarine stellte insgesamt 1149 U-Boote in Dienst. Dazu kamen 21 erbeutete oder übernommene Boote aus England, Frankreich, Italien, Holland und der Türkei. Die Gesamtzahl der Kampf-U-Boote betrug 1170, ohne die acht Walter-

Versuchs-U-Boote. Davon gingen 630 durch direkte Feindeinwirkung verloren, 42 durch Unfälle, 81 gingen in Häfen durch Bomben oder Minen verloren. 215 wurden nach dem „Regenbogen"-Befehl von ihren Besatzungen versenkt. 38 U-Boote wurden wegen irreparabler Schäden während des Krieges außer Dienst gestellt, elf Boote in neutralen Häfen interniert oder an fremde Marinen verkauft. Nach der deutschen Kapitulation beschlagnahmte die kaiserlich-japanische Marine vier deutsche U-Boote und stellte sie selbst in Dienst. 153 deutsche U-Boote ergaben sich nach Widerruf des „Regenbogen"-Befehles. 116 von ihnen wurden durch die Engländer im Rahmen der „Operation Deadlight" im Nordatlantik versenkt. Die restlichen deutschen U-Boote wurden unter den alliierten und den Nachkriegsmarinen anderer Staaten verteilt.

Der Einsatz an Menschen war auf beiden Seiten enorm. In der deutschen U-Bootwaffe dienten im Laufe des Krieges über 40 900 Mann, von denen etwa 28 000 fielen; 5000 gerieten in Kriegsgefangenschaft. Die Verluste der Alliierten waren noch schwerer. Über 30 000 englische Handelsschiffsmatrosen und Tausende von Männern aus anderen Nationen kamen ums Leben. Von den etwa 70 000 Männern und Frauen, die im Krieg in der Royal Navy dienten, forderte die Bekämpfung der U-Boote den prozentmäßig höchsten Anteil.

Die letzten Opfer des U-Boot-Krieges starben im Jahre 1965. Am 23. Juli dieses Jahres befand sich der amerikanische Trawler *Snoopy* auf Muschelfang vor Kap Henry/North Carolina. Kapitän Doodley ging allerdings etwas ganz anderes ins Netz: nämlich ein deutscher U-Bootstorpedo. Bei dem Versuch, das Netz zu hieven und den Torpedo unschädlich zu machen, wurde die *Snoopy* in Stücke zerrissen. Nur vier Mann überlebten.

Für das abschließende Urteil sollte die Anzahl der Toten ausschlaggebend sein, die Deutschlands Kampf um die Seeherrschaft gefordert hat.